ひとり 斎藤一人

こんな簡単なことで
最高の幸せ
がやってくる

一人さんのお姉さん 著

ロング新書

はじめに

はじめまして、一人さんのお姉さんです

はじめまして。

私は、一人さんのお姉さんです。

一人さんと私は、七人兄弟の中で育ちました。

七人兄弟の末っ子の一人さんと、一人さんより八歳年上の姉の私は、子どもの頃からとても仲の良い姉弟であり、それは今でも変わりません。

一人さんは子どもの頃から、いまの一人さんのままでした。

幼い頃は体が弱かったけれど、どんな人にもやさしくて、いつも一人さんの周りには人が集まってきていました。

そして何でも知っていて、姉である私にも、たくさんのことを教えてくれました。

健康になる方法、商売のこと、お金のこと…。

そして、精神的に幸せになること。

姉である私を幸せにしようと、いろいろと考えてくれたのでしょう。

私にも理解しやすいたとえをいくつもあげて、一生懸命、話してくれました。

でも、私が一人さんの話に心底耳を傾け、本気で実践しはじめたのは、一〇年ほど前からです。

それまで一人さんのことは、可愛い弟だと思っていたけれど、一人さんの言うことは、どこか「不思議な話」だと思って聞いていることが多かったのです。

以前の私は苦労が多く、大変なこと、辛いことも、たくさん味わった人生でした。

「私さえ、我慢すればいいんだから」

「私は、ワキ役の人生だから」

「ひっそり生きて、ひっそり死んでいきたい」

そう思って生きてきたのです。

そんな私の、子どものときからの夢は
「ささやかでもいい。平凡な幸せがほしい」

でした。

大きな成功などいらない。とにかく何事も起こさずに、平凡な幸せがほしい。

ひたすら、そう思って生きてきたのです。

ところが、その「願い」に反し、現実では苦労やトラブル続きであり、いったい何が原因で、こんなにも苦労が続くのかわかりませんでした。

そんな私の考え方が、間違いであるとハッキリ言ってくれたのが、弟である一人さんです。

「姉さんは、間違いを犯したよ。

姉さんは平凡であることを望んで生きてきたけれど、平凡な人生の人など、どこにもいないんだよ。

どんな人にだって、波乱は起きるよ。

でも、その波乱に負けて、縮こまったらダメなんだよ。

『もうこれ以上、何事も起きませんように……』と、ビクビクしながら生きていると、そのビクビクした波動が、困ったことやトラブルを何度でも引き寄せる。

波乱は、魂を向上させるために、神様がくれるプレゼント。

だからありがたく受け取って、魂を向上させようよ。

『波乱万丈、大好きです！

いくら波乱がやってきたって、私はそのたびに魂を向上させて、もっともっと幸せになるよ』

そんな豊かな気持ちを持っている人のもとに、本当の幸せがやってくるんだよ」

「……」

一人さんの言葉にハッとした私。

改めて、周囲の人の人生を見わたしてみると、本当に「平凡な人生」など、どこにもありませんでした。

どんな人にも、波乱は起きるのです。

悲しいこと、苦しいこと、辛いことは起きるのです。

でも、その波乱をどう受け止めるかで、その後の人生が変わってくるのです。

私も、もう波乱を恐れるのは、やめよう。

どんなに波乱が起きても、「神様からのプレゼント」とありがたく受け取って、豊かな気持ちで生きよう――。

そう心に誓った瞬間でした。

その後、私は千葉の成東という町で「一人さんファンの集まる店」を始めました。

お店を始めると、全国各地から、そして海外からも、一人さんファンの方が続々とお店にきてくださるようになりました。

そして、私の毎日は、専業主婦だったころには想像もしなかったような、にぎやかで楽しい毎日になりました。

いま、私は、いままでの人生の中で、最高に幸せです。

毎日、たくさんの人とお話したり、笑ったり。

誰かが悩みを打ち明けたら、一人さんの考えをもとに解決したり…。

年齢や職業に関係なく、心を開いて仲良くできる、あたたかい仲間がたくさんできました。

そしてお店に来てくださる方々から、

「一人さんって子どもの頃、どんなお子さんだったのですか？」

「お姉さんは、いままでどんな人生を歩んできたんですか？」

と質問されることがよくありました。

そこで、私なりに、いままでの人生をふりかえってみようと思いました。

この本を書くことで、我が弟、斎藤一人さんと、私の歩んできた人生を、少しでも伝えられたら嬉しいです。

第一章　一人さんとお姉さんの「子どものころの思い出」

第二章 私を幸せにした「一人さんの教え」

第二章

『一人さんのお姉さんのお店』常連さんにインタビュー！「成東で起こった私の奇跡！」

◎小堀正咲子さん（造園業）…………76

浮気に走り、働かなくなった夫。

月二〇〇万円以上のローンと借金返済をひとりで背負い、ショックで「うつ」に。一人さんのＣＤを聴いて「絶対に治る！」と確信。

「ツヤ」と「ピンクの服」と「光もの」で大変身し、新しいパートナーも！

◎水嶋 翔さん（飲食店勤務）…………105

占い師に、利用されそうになった僕。
一人さんの
「だまされやすいから、気をつけなよ」

の一言で、我にかえった。
◎牧野慶子さん（専業主婦）……122
義父に殴られ、さげすまれてきた義母。
一人さんから教わった
「お義母さんは、強いね」
という言葉で、状況が変わった！
◎飯田 心さん（会社員）……133
母の愛を知らず、過酷な環境で育った私。
一八歳で娘を生み、シングルマザーに。
一人さんの教えと、お姉さんの励ましで
父の介護も子育ても、すべて乗り越えられた！

第四章 おかげさまで、いま最高の人生です！

編集協力／妻木陽子

第一章

一人さんとお姉さんの「子どものころの思い出」

小さな布団に光が差した！

私と一人さんが育った家庭は、いっぷう変わった家でした。

父は無類の「遊び好き」。

民謡などの歌が抜群に上手で、尺八など楽器も上手く、旅が好きで、しょっちゅう旅行に行っていました。

一方、母は無類の「働き者」。

商売上手の母は、クリーニング店、小料理屋、旅館など、次々と商いを発展させていきました。

そんな両親の間に、私と一人さんは生まれました。

母は朝から晩まで働いていて、家でのんびりすることは、ほとんどありませんでした。

家には七人の兄弟の他に、母の商売の従業員の人たちが、たくさん住み込みで働いていました。

そんな中で、私と一人さんは育ったのです。

私が八歳のときに、一人さんが生まれましたが、小さいころの一人さんは、とてもからだの弱い子でした。

しょっちゅう病気をしていて、蒲団から起きあがる気力もなかったので、ずっと寝ていた記憶があります。

一人さんが、まだ赤ちゃんだったころの話です。

ある日、一人さんの体があまりにも衰弱してしまい、父が「この子は、もう今日で終わりだろう……。最後だから、きれいな着物を着せてやろうよ」と、お宮参りのときの着物を出してきて、着せようとしていたのをはっきりと覚えています。

近所の人たちも、お医者さんも、「斎藤さんの家の、あの末っ子の男の子は、とても二〇歳までもたないだろう……」と噂をしていました。

私は、弟が寝ている間に、死んでしまっていないか心配でたまらず、しょっちゅう弟の寝顔をのぞいて、ちゃんと寝息をしているかを確認するのが日課でした。

ある夜、弟が寝ている部屋のふすまをそっと開けて、いつもの通りのぞいてみると、びっくりするような光景を見たのを覚えています。

弟が寝ている小さな布団の上に、天から光がパーッと差しこんでいたのです。

真夜中だというのに、弟の布団にだけ、光が差している！

こんな光景は、見たことがありませんでした。

その光が何なのか、幼い私にはわかりませんでしたが、なんとなく人に言ってはいけないことのような気がして、誰にも言いませんでした。

「きっと、弟は、神さまに守られているんだね……。

神さま、弟のことを、どうぞよろしくお願いします」

幼い私はそう思い、心の中で祈り続けました。

私の思いが届くかのように、弟は命を落とすことはなく、小学校にあがることができました。

すりおろしリンゴの思い出

弟は小学生になりましたが、それでもやっぱり体が弱く、ほとんどの日を、蒲団に寝たまま過ごしていました。

そのころ、私の母の商売はますます忙しく、朝から晩まで仕事に明け暮れていたので、弟の具合が悪くなると、私が様子を見にいくことが常でした。

ある日、高い熱が出て、苦しそうにしている弟を見て、何か少しでも食べさせたいと思いました。

「そうだ、リンゴをすりおろしたものだったら、食べられるかもしれない……」

私はお小遣いをにぎって、リンゴを買いに行きました。

当時、リンゴなどの果物は、高級品でした。

いまのようにスーパーや果物屋さんなどで手軽に売っていない時代です。

限られたお店にしかありませんでしたが、それでも病気の弟を喜ばせてあげたくて、いろいろなお店を探しまわりました。

やっとひとつのリンゴを手に入れると、おろし金ですりおろして、弟のところに持っていきました。

「はい、ボクちゃん、リンゴだよ」

私は当時、一人さんのことを「ボクちゃん」と呼んでいたのです。

私がすりおろしリンゴを差しだすと、一人さんはにっこり微笑んで、

「お姉ちゃん、ありがとう」

「お姉ちゃん、おいしいよ」

と、おいしそうに食べます。

弟の喜ぶ顔を見るのが、私にとってとても幸せなひとときでした。

あるとき、いつものように、すりおろしリンゴを持っていくと、一人さんがこんなことを口にしました。

「お姉ちゃん、いつも、ありがとう。お姉ちゃんのことは、オレが一生、守ってあげるからね」

姉として、ささやかなことをしただけなのに、こんなにまで感謝して、泣かせることを言ってくれる。

「ボクちゃん、ありがとね」

私はなんとも愛おしくなって、弟の小さな頭を、やさしくなでました。

しかし、このときの一人さんの言葉が本当になるときが、五〇年後にやってこようとは……。

このときの私には想像もつかなかったのです。

どろぼうに「寒いから中に入りなよ」

一人さんは小さいころから、本当にやさしい子でした。

いつもおだやかで、私とケンカしたことも、一度もありません。

何かをほしがったり、ワガママを言ったりすることも、全くありませんでした。

お腹がすくと、誰かにうったえるでもなく、自分で冷蔵庫を開けて、何かを出して食べていました。

食べ終わると、お皿もきちんと自分で洗って片づけます。

そんな一人さんを見て、母も、「ボクちゃんは、本当に手がかからない子だね。何にもほしがらないし……。いい子だ、いい子だ」といつも褒めていたのを覚えています。

ある日、我が家にどろぼうが入りました。

当時、我が家はクリーニング屋をしていたので、二階に大きな物干し場がありました。

その物干し場の横が、当時、小学生だった一人さんの寝室だったのです。

一人さんが寝ていると、物干し場に人影が見え、扉を開けると一人のおじさんが寒さに震えながら立っていたそうです。

それを見た一人さんは、思わず、

「おじさん、寒いから、中に入りなよ」

と声をかけたのだとか。

その「おじさん」は、一人さんに誘われるまま、部屋の中に入ってきました。

一人さんは、

「おじさん、寒そうだから、僕の蒲団の中に入りなよ」

と蒲団をすすめ、その「おじさん」と同じ蒲団で寝ていたそうです。

しばらくしてから、一人さんが階下のトイレに行こうと蒲団を出ると、その「おじさん」は、一人さんが親に自分のことを言いつけにいくと思ったのでしょう。

ものすごい勢いで、一人さんの後を追いかけてきたのです。

その足音にびっくりした家族が飛び起き、結局、その「おじさん」は逃げていきました。

それにしても……。

これから、どろぼうに入ろうとしている人にまで親切にするとは……。

でも、小学生だった一人さんと、知らない「おじさん」が、仲良く二人でひとつの蒲団にくるまって暖をとっているところを想像すると、なんだかほほえましくて、思い出すたびに笑いがこみあげてくるのです。

放課後の人気者

小学生の半ばになっても、一人さんはあいかわらず病弱でした。

朝、起きられず、学校に遅刻してしまうこともよくありました。

フラフラと家を出て行こうとするので、当時、中学生だった私は、

「ボクちゃんは、ちゃんと学校に行っているのかしら？」

と心配になり、こっそり後をつけて行ったことがあります。

一人さんはまっすぐ小学校の校門に入っていきました。

一人さんの教室をのぞくと、みんなが着席して勉強している中で、一人さんがひとりで机と机のあいだの通路に立っています。

そして教室の中をゆっくりと歩き、いろいろな友達と笑いながら、何か話している姿が見えました。

学校には勉強しに行くというより、友達に会いに行っているような様子でした。

放課後になると、毎日、たくさんの友達が家にやってきました。

一人さんを囲んで、みんなでしゃべったり、笑ったり。

ついには担任の先生まで遊びに来て、おしゃべりして帰るようになりました。

ちなみに一人さんは、子どもの頃から、女の子にもモテモテでしたよ。

姉の私が言うのも変ですが、少年時代の一人さんは、本当にかっこよかったのです。

我が家の前には、クリーニング店の看板があったのですが、そこに電話番号が書いてあったのです。

他の学校の女の子が、こっそり一人さんの後をつけてきて、看板の電話番号を見て、電話をかけてくることがしょっちゅうありました。

そうすると、住み込みで働いている従業員の若者たちが、女の子からの電話をうばいあい、「私は一番番頭でございます！」「私は二番番頭でございます！」「坊っちゃんに何のご用ですか？」などと電話を回し、からかったりしていましたが、一人さんはそんな皆のことをいつも笑顔で眺めていました。

とにかく、一人さんの周りには、自然に人の輪ができていました。

そんな不思議な魅力のある少年だったのです。

「本はオレの大学」

一人さんは小さいときから、いつも本を読んでいました。

その読書量はすごいもので、小学生のときから、中国古典の「三国志」や、「孫子」「論語」「老子」「荘子」を読み、また、松下幸之助さんや本田宗一郎さんなど、成功した経営者の本を読んでいました。

あまりにも本を読むので、私は一人さんに聞いたことがあります。

「ボクちゃん、なんでそんなに本読むの？」

すると一人さんは、

「お姉ちゃん、本はオレの大学なんだよ」

というのです。

「お姉ちゃん、本ってね、その人が持っている最高の知識で、真剣に書くんだよ。

だから、その人の最高の知識がつまったものを、自分の好きなペースで学べるんだ。

こんなにいいものはないよ。

オレは、三国志の武将や、松下幸之助さんには会うことはできないけれど、本屋に行けば、その人たちに会えるんだよ。

もしオレが松下幸之助さんに会いに行って、ご本人が会ってくれたとしても、オレのために半日空けてくれるってことは絶対にないんだよ。

オレのために本一冊分の知識や経験を、説明してくれることもないんだよ。

でも、その人の本には、それがすべて書いてある。

その人が、命をかけて伝えたかったことが、本にはつまっているんだよ。

だから本って、最高なんだよ」

一人さんは中学を卒業して、すぐに社会に出ましたが、仕事の上で、何か困ったことや、知りたいことが出てくると、すぐに本屋に行ったそうです。

そして、その「困っていること」や「知りたいこと」に関連する本を一〇冊ほど買ってきて、読むのだそうです。

そうすると、本を読み進めていくうちに、そのことを解決に導く「共通点（一人さんいわく「方程式」）が見えてくるのだとか。

そうやって、「困っていること」や「知りたいこと」を、本から吸収してきたそうです。

また、本で得た知識を、わかりやすく噛み砕いて、周りの人に楽しく教えてくれるのも一人さんです。

一人さんにとって、本は、学校で勉強する以上に、多くのことを教えてくれるものなのでしょう。

そして、読むたびにワクワクした気持ちにさせてくれる「おとぎの国」のようなものだったのでしょう。

「誰かいるから幸せ、何かあったから幸せは、本当の幸せじゃないよ」

一人さんは子どものころから、時々びっくりするような「名言」を口にすることがありました。

ある日、私が、幼い一人さんの手をひいて散歩に連れていくと、野原にたくさんのタンポポが咲いていました。

その花をながめたり、つんだりして遊んでいると、突然一人さんが、小さな手でタンポポの葉を指さし、こんなことを言うのです。

「お姉ちゃん、科学がどんなに発達しても、タンポポの葉一枚作れないよ」

自然の力ははるかに偉大であり、科学の力は及びもつかないほど神秘的なものなのだ……ということを一人さんは伝えたかったのだと思いますが、幼い弟が突然そんなことを言うので驚いたのを覚えています。

また、あるとき、私がためいきまじりに、こんなことを言ったことがあります。

「ああ、お母さんが、もっと家にいてくれたらいいのになあ……」

商売で家を空けることが多かった母に、私は寂しさを覚えていたのです。

すると、そばにいた一人さんが、こう言うのです。

「お姉ちゃん、誰かいるから幸せ、何かあったから幸せは、本当の幸せじゃないよ」

「幸せ」というのは、自分の心が決めること。

人や物が、あるなしにかかわらず、自分の心しだいで、感じることができるもの。

人や物に頼らずに、いま与えられた環境の中で、「幸せ」と思えることを見つけていくこと。

それが本当の幸せだ……と一人さんは言うのです。

このときも、弟の言葉や考え方にびっくりして、唖然としました。

本当に、一人さんは小さいころから、いまの一人さんのままで、考え方や言うことも一貫していました。

しかし私は、実のところ、一人さんが伝えたかったことの真意が、当時はなかなか理解できなかったのも事実です。

「変わったことを言う子だな……」

「私と同じ環境で育ちながら、なぜそんな考え方ができるのかしら？」

ずっとそう思ってきました。

あれから五〇年以上が経ち、弟の伝えたかったことの本当の意味が、いまやっとわかるようになってきたのです。

「食べものあるかい？　着るものあるかい？」

一人さんが、小学校の高学年ごろの話です。

「お姉ちゃん、着ない洋服、ない？」と、一人さんが言うのです。

「あるけれど……。ボクちゃん、いったい、どうするの？」

私がたずねると、一人さんがこんなことを話してくれました。

実は家の近所に、小さな掘立小屋があって、そこには、精神障害の子どもたちが、身を寄せ合って暮らしていました。

その子どもたちは、さまざまな事情があって、施設から逃げてきたそうです。

みんなで壊れた電線を集めてきては、電線の周りのゴムをはがし、それを売った、わずかばかりのお金で生活しているようでした。

高い危険なところに登って電線を集めたり、手にケガをしながらゴムをはがしたり……。

「本当にあの子たち、大変なんだよ」

一人さんは、しみじみ言いました。

その子どもたちと、一人さんが、どうやって知り合いになったのかは、わかりません。

でも、その子どもたちの様子を知った一人さんは、掘立小屋に頻繁に通っては、

「食べものあるかい？　着るものあるかい？」

と、食料や洋服を運んでいたのです。

一人さんは子どもの頃から、弱い立場の人や、困っている人を見ると、放っておけない人でした。

そして、そのやさしさは、いまも変わりません。

先日、一人さんが私の家に遊びに来たとき、近所を徘徊している老人がいました。

その方は、歩いているうちに、自分の家がわからなくなってしまったようでした。

すると一人さんが、老人にかけより、何かやさしく話しかけました。

そして、自分の車にその老人を乗せ、一緒に家を探して、送り届けていました。

また、冬の寒い日のことです。

私の家に来ていた一人さんが帰るというので、帰りの車の中で食べるようにと、アツアツの焼き芋を渡したことがあります。

焼き芋を受け取ると、一人さんがスッと玄関を出て、どこかに行ってしまいました。

一人さんが見つけたのは、家の外にいた、交通整理をしているおじさんでした。

寒い日なので、手に息をふきかけ、震えながら仕事をしているのが、一人さんの目に入ってきたのです。

「おじさん、これポケットに入れておきなよ」

アツアツの焼き芋を、おじさんの作業着のポケットに、そっとしのばせてきたそうです。

私は、そんな風景を見ていると、幼いころ、掘立小屋に、食べものや着るものを、両手いっぱいに持って、運んでいた一人さんを思い出すのです。

大変な状況の中で、一生懸命、生きようとしている人を見ると、黙っていられず、何か手を差し伸べようとする。

それが、私の弟、一人さんなのです。

「映画評論家」になりたかった私

私の少女時代の夢は「映画評論家になること」。

初めて映画館で見た映画が、オリビア・ハッセーの『ロミオとジュリエット』で、その美しさとストーリーのすばらしさに惹きこまれました。

以来、おこづかいをためては、近所の映画館に通うのが、私の密かな楽しみでした。

古本屋さんで、一冊の映画雑誌を買って、くりかえし、くりかえし眺めては、ハリウッド女優や俳優、映画のタイトルを、コツコツ暗記していました。

私が中学生ぐらいで、一人さんが五～六歳のときでしょうか？

当時、私があまりに映画に夢中だったので、弟にも映画の楽しさを味わってほしいと、幼い一人さんを映画館に連れていったことがあります。

その頃の一人さんは、どこに連れていっても、おとなしくお利口さんにしていたので、私は映画館にも連れていきました。

映画館で大人に混じって座っても、大きな声を出したり、モジモジ体を動かすこともなく、嬉しそうに映画に見入っている一人さん。

そんな一人さんの横顔を眺めながら、二人で映画を楽しむ時間は、幸せなひとときでした。

しかしある日、映画館に入ると、そのとき上映されていたのが、「化け猫」のホラー映画だったのです。

化け猫の首がいきなり飛んで、空中を回転し、キバをむきながら、こちらに飛んでくる。

その恐しいこととといったら！

その画面を見た一人さんは、目を開いて立ちすくみ、私の手を振り払って、映画館の外に走っていきました。

それ以来、私が一人さんに「ボクちゃん、映画行こうか？」と誘っても、「ボク、行かない……」と断るように……。

よっぽど、恐い思いをさせてしまったのだと思います（笑）。

当時のことを、一人さんが覚えているかどうかわかりませんが、五〜六歳の男の子にはかなり衝撃的な体験だったのでしょう。

いま、昔の映画をＤＶＤで見ていると、幼いころの一人さんのびっくりした顔と共に、映画に夢中になっていた少女時代を思い出すのです。

第二章

私を幸せにした「一人さんの教え」

望んでも、望んでも、「平凡な幸せ」はこなかった

私の幼いころからの夢は

「ささやかでもいい。平凡な幸せがほしい」

でした。

こう思うようになったのは、私の育った環境が、強く影響しているのかもしれません。

私は幼いころから、商いで忙しい母に代わって、掃除、洗濯、炊事などの家事、兄弟の世話や家業の手伝いに追われてきました。

どうしても、自分のことより、人のために時間を使うことが多かったのです。

ゆっくり習い事をしたり、女友達と連れだって買い物に行くような、娘らしい青春の思い出は、ほとんどありませんでした。

また、私の家には、住み込みで働いている、若い男性の従業員の人が多く暮らしていました。

私は年頃の娘になるにつれ、家の中がどうにも落ち着かず、自分の居場所がないように感じることもありました。

家の中をきれいに掃除して、テーブルの上に小さい花を飾り、大好きな絵をゆっくり描いたりする生活。

そんな「平凡な生活」に憧れ続けました。

ところが私の思いに反し、現実は、大変なことやトラブルが続き、苦労が絶えない生活でした。

私は二〇歳のときに夫と結婚しましたが、結婚してから、夫が病気やケガで二六回も入院したのです。

また父や母の介護に追われ、父や母を看取ると、こんどは夫が寝たきりになり、夫も私が介護するという「介護づくし」の生活になりました。

夫は一〇年前に亡くなりましたが、私は夫の介護をしているうちに足の股関節をひどく痛め、思うように歩けなくなってしまいました。

夫を亡くして一人になり、気力も体力もなくなった私の前に現れたのが、弟の一人さんです。

一人さんはよく
「姉さん、ドライブに行かないかい？」

「姉さん、旅行に行かないかい？」

と私を誘ってくれました。

最初、私は、一人さんの誘いにも、素直にのることができませんでした。

「私は、歩けないから、いい」

そう言って断ろうとする私に、一人さんは
「姉さん、オレも、歩かないよ。

どこへ行くにも、車で行くんだから、大丈夫だよ」

そう言って、私の心をやんわりとほぐし、連れ出そうとするのです。

そしてあるとき、車の中で、

「姉さん、この先、どんなことをやってみたいのかい？」

と一人さんがたずねました。

すっかり落ち込んでいた私は、

「この先のことなんて、考えられない！　将来なんて『無』だよ！」

と、こともなげに言ってしまいました。

そのときの一人さんの、ガッカリしたような、悲しそうな顔……。

弟を悲しませていることはわかっていたけれど、そのときの私には、どうすることもできませんでした。

しかし、そのときから、一人さんは姉である私に、「精神的に幸せになる方法」を、本格的に教えはじめました。

いままで、精神的なことなど、勉強したことのない私にもわかるように、いろいろなたとえを出して、あの手、この手で教えはじめたのです。

姉である私を幸せにしようと、誠心誠意、魂をこめて教えようとする一人さんの姿に、私も徐々に、心を動かしはじめました。

両親のバランスをとって生きていく

一人さんから、「精神的に幸せになる方法」を教わるようになって、最初にショックを受けたことが二つあります。

「ああ、私が子どもの頃から考えてきたことは、間違いだったんだ！」と、改めて気が付いた瞬間です。

ひとつめは、この本の冒頭でも紹介した、「『ささやかでもいい。平凡な幸せがほしい』は、間違いだった」ということ。

小学生のときからずっと、「平凡な幸せ」を追い求めてきた私。

それにもかかわらず、その願いがずっと叶わなかったのは、一人さんいわく、

「もうこれ以上、何事も起きませんように……」と、ビクビクしながら生きていたから。

そのビクビクした波動が、困ったことやトラブルを、何度も引き寄せていたのです。

「そうか、一人さんが言うように、波乱は、魂を向上させるために、神様がくれたプレゼントだったのね。

これからは、どんな波乱がきても、ありがたく受け取って、魂を向上させよう！」

私はそう気付いたときから、

「波乱万丈、大好きです！」

「波乱万丈、どんとこい！」

と自分自身に言葉をかけて、豊かな思いを放つよう、考えを改めました。

そして、もうひとつ、頭をガン！　と殴られたように、ショックを受けたことがあります。

それが「両親のバランスをとって生きていく」という一人さんの言葉です。

どういうことかというと、私はずっと、自分の両親のことを、こんなふうに思ってきました。

「なぜ、父は、遊んでばっかりいるんだろう」

「なぜ、母は、仕事ばっかりしているんだろう」

こんなに極端な両親はいない。

父が遊んでばっかりいるせいで、母は仕事に走った。

母はずっと仕事で外出しているので、私たち子どもの面倒を、ゆっくり見ている暇もなかった。

この父と母のせいで、私や兄弟は、苦労が絶えなかった……。

ずっとそう思ってきたのです。

ところが、私のこの思いに対し、一人さんは、両親について、こんなふうに思っていたのです。

「うちの親父って、遊んでばっかりいて、仕事してるの見たことないよな。

うちのお袋は仕事ばっかりして、遊んでるところなんか、見たことないよな。

親父の生き方がいけないとか、お袋の生き方がいけないとか、そういうことじゃないんだよ。

親父は遊んでばかりいた。

お袋は仕事してばかりいた。

オレには、その両方の血が混じっているんだよ。

例えば、鉄だけの建物だと、そのうち曲がっちゃうし、コンクリートだけの建物だと、そのうち崩れちゃう。

でも、両方のいいところを生かした『鉄筋コンクリート』になると、そのビルは一〇〇年でも持つんだよ。

だからオレは、遊び好きの親父と、仕事ばっかりしているお袋を見ていて、自分の中で、『鉄筋コンクリートにすりゃあいいいんだ』と思って生きてきた。

姉さん、いいかい？

何かあったら、不幸の材料にしちゃいけないんだよ。

『親父がこうだから、お袋がああだから……』って、悪いところばかりを見て、そのことで自分が不幸になっちゃいけないんだよ。

どう解釈してもかまわないから、自分の得になる解釈をするんだよ。

『オレには、あの親父の嫌なところが流れてるんだ……』

『オレには、あのお袋の嫌なところが流れてるんだ……』じゃないの。

両親の中から、いいところだけをとるの。

『オレには、親父の遊び好きの血と、お袋の仕事好きの血が流れているから、すっごくバランスがとれている！』

オレはずっとそう思って生きてきたんだよ。

だからオレは、旅行にもどんどん行くんだよ。

仕事もじゃんじゃんするんだよ。

こうして、バランスをとって幸せになっちゃうと、親がありがたく見えるんだよ。

親が嫌いな人は、自分が不幸なんだよ。

親の問題じゃないんだよ。

何でもいいから自分が幸せになっちゃうと、人間っていうのは、『生んでくれてありがたかった……』っていう気になっちゃうの。

だから親の嫌な思い出なんか忘れて、幸せになっちゃおうよ」

「……」

一人さんは、いままでずっと、両親のことをそう思って生きてきたんだ。

ああ、同じ環境で育っていながら、私とは、解釈の仕方がぜんぜん違う……。

頭をブロックで殴られたようなショックでした。

しかし私も、この日を境に、「両親のバランスをとって生きていこう」と決めました。

遊びもどんどんするし、仕事もじゃんじゃんする。

そう思って毎日を過ごすと、なんだかイキイキしてくるのです。

そして両親にも「ああ、生んでもらって、ありがたいなあ」という感謝の気持ちが生まれてきたのです。

一人さんに教えてもらった「両親のバランスをとって生きていく」

このことを知ったおかげで、六〇年以上も思ってきた両親への気持ちが、プラスに変わった瞬間でした。

「悲惨な演歌」が聴けなくなった！

弟の一人さんに精神的なことを教えてもらうようになってから、私の中に、さまざまな変化が起こるようになりました。

例えば、以前の私は、演歌を聴くのが好きでした。

演歌の中でも、とりわけ、人生の哀しみや、生きることのやるせなさを歌った「悲惨な歌詞の曲」が好きだったのです。

朝、お店に出勤するときに、車を運転しながら、「悲惨な演歌」を大音量で流していました。

その歌詞にひたって、涙で目をうるませながら、「おはよう……」と目頭を押さえてお店に入っていたのです。

ところが、一人さんの教えを学ぶにつれ、なぜか、悲惨な歌詞の曲が聴きたくなくなったのです。

朝の運転でも、演歌を流す代わりに、

「今日も幸せだね」

「天気がいいね」

「空がきれいだね」

「空気がおいしいね」

と、自分に向かって、肯定的な言葉をかけながら運転するようになりました。

そうすると、気分がすがすがしくて、気持ちがいいのです。

あるとき、「そういえば、最近、演歌を聴いていなかったな……」と気づいたので、試しに以前好きだった曲を流してみました。

ところが、以前のように、曲にひたることができません。

なんだか、気分がしめって、暗くなる感じ……。

曲の半分も聴かずに、とめてしまいました。

「私の心が好むものが、以前とは変わってきている！」

自分でもハッキリ気づきました。

これは、一人さんいわく、私の放つ「波動」が変わってきたからだそうです。

「『波動』というのは、その人が出している電波のようなものだよ。

『波動』は、普段話している言葉や、聞いている言葉に、大きく影響を受けるんだ。姉さんが毎朝言っている『今日も幸せだね』という言葉からは、『幸せ』という電波が出て、この宇宙に放たれるんだよ。

そうすると、宇宙にある『幸せな波動』が、『この人のところにいこう！』と、集中的に姉さんのところに飛んでくる。

そうなると、姉さんには幸せな出来事や、幸せな人との出会いが、立て続けに起こるようになるんだよ。

ところが、毎日、悲惨な言葉を言ったり、聞いたりしている人は、知らず知らずのうちに、『不運な電波』を放っているんだよ。

そうすると『不運』な波動が、その人のところにやってきてしまう。

そうなると、不運な出来事が立て続けに起こるよね。

だから、毎日、話す言葉や耳にする言葉って、大事なんだよ。

それによって、自分の波動が、大きく変わってくるんだよ」

そうか、「悲惨な演歌」が聴けなくなったのは、私の波動が、明るい波動へと変わってきているからなんだ……。

これからも、私は毎朝、「今日も幸せだね」「天気がいいね」「空がきれいだね」「空気がおいしいね」と、明るく元気になる言葉を言い続けようと決めました。

お肉を食べたら、元気になった！

一人さんは、私に精神的なことを教えると同時に、体の栄養のことも、いろいろと教えてくれるようになりました。

なぜなら、人が元気で幸せになるには、「精神的な教えを学ぶこと」と同時に「心と体に必要な栄養を摂ること」が欠かせないからだそうです。

栄養のことで、一人さんから繰り返し言われたことが、

「姉さん、肉を食べなきゃダメだよ」

たしかに私は、お肉をあんまり食べていませんでした。

根菜の煮物など、あっさりした和風のおかずが好きで、お肉は野菜炒めなどにコマ切れの肉を少し入れるくらい。

ステーキや焼き肉などを口にすることは、ほとんどありませんでした。

ところが、この「肉をあまり食べないこと」が、私の心身に影響していると一人さんは言うのです。

「姉さん、野菜ばっかり食べていると、気持ちがビクビクして臆病になるよ。

肉が足りないと、どうなるか知ってるかい？

例えば、草食動物は、気持ちがいつもビクビクしている。

人間がつかまえようとしただけで、ショック死することもあるんだよ。

いまみたいにストレスが多い時代で、野菜ばっかり食べていると、たくさんの人とかかわっていけないよ。

姉さんは、これからお店で、いろんな人と話をして、いろんな人にオレから教わったことを伝えなきゃいけない。

だから肉をしっかり食べて、体と気持ちを強くして、どーんとかまえておかなきゃね」

「わかった！」

私はさっそく一人さんに言われたとおり、お肉屋さんに行き、いろいろなお肉をいっぱい買ってきました。

しょうが焼き用の豚肉や、すいとんなどの汁物に入れる鶏肉、ソーセージ……。

いろいろな種類のお肉を冷蔵庫に並べると、それだけでなんだか気持ちがイキイキして、パワーが出てくる感じ。

ちょうど遊びにきていた一人さんに、「ほら、一人さん、見て！　私、こんなにお肉を買ったのよ」とはしゃいで冷蔵庫を開けて見せました。

一人さんはニコニコしながら冷蔵庫をのぞき、「姉さん、お肉買ってきただけで満足しちゃダメだよ。ちゃんと料理して、毎日食べなよ」と言っていましたが、私が一人さんの言うことをすぐに実践したことが嬉しい様子でした。

いま私はお肉も野菜も、毎日しっかり食べています。

お店の仲間とレストランに行けば、大きなハンバーグも食べるし、みんなでワイワイ焼き肉を焼きながら食べることもあります。

お肉を食べるようになってから、確かに気持ちがドーンと据わって強くなりました。

体が疲れにくくなって、肌もイキイキしてきたように思います。

一人さんいわく、お肉を調理している時間がないときは、手軽に食べられるウインナーでもいいそうです。

クエン酸をたっぷり含んだグレープフルーツジュースと一緒にウインナーを食べると、栄養のバランスがいいとのこと。

私もお店が忙しいときは、コンビニで必ずウインナーとグレープフルーツジュースを買ってきて、食べるようにしています。

「こういうデザインにしてくれたんだ……と思いなよ」

いま私のやっている「一人さんファンのお店」は、もともと民家だったところを改装してお店に作り替えました。

その改装ですが、近所の内装屋さんに工事を頼んだところ、非常におおざっぱなやり方で、その仕上がりを見て、私は怒りがこみあげてきました。

壁のペンキはところどころ塗り残しがあったり、板を組み合わせた部分にはすきまが空いていたり、壁紙のクロスも浮き上がっていて、張り替えなくてはいけなかったり……。

「せっかくお金を出して頼んだのに、なんてひどいやり方をするんだろう！」

その仕上がりを見れば見るほど、私は気がおさまらず、いっそ内装屋に電話をして、文句を言ってやろうかと受話器をにぎりました。

すると、店の様子を見に来ていた一人さんが、「まあまあ……」と私をなだめ、おだやかにこう言うのです。

「姉さん、内装屋さんが、こういうデザインにしてくれたんだと思いなよ。こういう個性的なデザインになったと思えば、腹も立たないよ」

「……」。

私は、一人さんの言いたいことが、なんとなくわかりました。

このお店は「一人さんファンのお店」として、ファンの方々に楽しんでいただく場所。

そのお店が、せっかくこれから開店するというときに、「お店の内装が気に入らなかった！」という気持ちを引きずっていると、怒りをかかえたまま、お客様と接することになる。

皆さんが楽しみに来てくださって、気持ちよくくつろげる場所にするには、まず店主である私が「怒りのエネルギー」を捨てて、いつもおだやかでいなければならない……。

一人さんは、そんな気持ちを込めて、私を制したのでしょう。

そう思ったら、さっきまでの怒りがスーッと消えて、心がスッキリしました。

その後、別の内装屋さんにもう一度改装をしていただくことになり、店内はすっかりきれいで居心地良くなりました。

私にとって、この出来事は、

「これから、何があっても、おだやかでいられますか?」

と神様が試験を出してくださったことのように思っています。

「このお店では、タバコは吸えません。お酒も飲めません」

「一人さんファンのお店」が開店するまで、一人さんはお店に頻繁に通って、お客さんへの心配りや商売のことなど、店主となる私にさまざまなことを教えてくれました。

まず最初にこんな貼り紙を、お店の入り口に貼っておきなさい、と言うのです。

〝このお店では、タバコは吸えません。お酒も飲めません〟

「ヘビースモーカーの人や、酔っ払ったお客さんがこられると、他のお客さんが安心してくつろげないだろ。

タバコが吸いたい人や、お酒が飲みたい人は、別の喫茶店や居酒屋に行ってもらったほうがいいからね」と一人さん。

「こうやって最初から目立つところに貼り紙をしておけば、店側がどんなお客さんを求めているか、わかりやすいんだよ」

次に教えてもらったのが、トイレに関することです。

トイレは常にピカピカに掃除をして、使わないときは便座のフタをしめておくこと。

一人さんによると、「トイレをキレイにして、便座のフタをしている家には、豊かな波動がやってくる」そうで、お店を繁盛させるためにもトイレ掃除は欠かせないということでした。

また、トイレを使うときに流水音が流れる「音姫」という機械をつけることをすすめてくれたのも一人さんです。

民家を改造した小さなお店とはいえ、せっかく来てくださった女性のお客様にも気兼ねなくトイレを使っていただきたい。そのために、できるかぎりの準備をしておこう……との配慮からでした。

こういうことも、喫茶店やレストランなどの商いに慣れている人なら、当たり前のことかもしれませんが、私はそれまでは専業主婦だった身。

私にとっては、ひとつひとつ、勉強になることばかりでした。

そして、一人さんらしいアイデアを出してくれたのが、「お店の地図」を作ったときのこと。

駅からの道順を記すときに、目印となるお店を地図に入れますが、そのときに

「姉さん、小さいお店でも、お客様に対して心ある対応をしているお店を、応援するつもりで地図に入れなよ」

と言うのです。

地図の目印には、誰もが知っている大手のチェーン店を入れてしまいがちですが、せっかく地図にのせるのだったら、小さなお店を紹介して、応援してあげたい。

一人さんのそんな気持ちから出た言葉でした。

また、はじめて成東のお店にくるお客様が、道に迷ったり、「一人さんファンのお店はどこですか？」と近所の方に聞くことを想定し、一人さんは近所のお店を一軒、一軒、自分で訪ねては、

「こんど、姉がお店をはじめることになりました。いろいろお世話になると思いますが、どうぞ、よろしくお願いします」

と深々と頭をさげて、丁寧に挨拶していました。

こういうとき、一人さんは、自分が「斎藤一人」であるということを、絶対にあ

かしません。

私の弟として、また一商人として、ご近所の方に頭を下げているのです。

一人さんが、あまりに丁寧に頭を下げるので、ご近所の方々も、

「お手伝いできることがあったら、何でも言ってくださいね」

と快く応援してくださいました。

一人さんのそんな姿を見て、

「必ず多くの人に喜んでもらえるお店にしよう」

と私は心に誓ったのです。

忘れられない「母の思い出」

私の母は、非常に商売の才覚があった人でした。

私たち兄弟を次々と七人も産み、育てながら、商売の手を休めることなく、毎日あっちへ、こっちへと走り回っていました。

一人さんが赤ちゃんだったときも、母は「おんぶひも」で一人さんを背中にくくりつけ、手を少しも休めることなく作業を続けていた姿がいまも浮かびます。

そんな母の商売を、私は幼いころから手伝ってきました。

母は商売のやり方や、お客さんへの対応に関しては、人一倍、厳しい人でした。

特に「基本的なこと」を、とても大切にしていました。

「お客さんがお店に入ってこられたら、何か作業をしていても、必ず立ちなさい。そして笑顔でお迎えするんだよ」

「お客さんに用を言いつかったら、まず『はい！』と大きな声で、気持ちよい返事をすること。返事ができない人は、お店に立たせないよ」

「仕事の合間に仲間としゃべってもいいけれど、その間、手を遊ばせないようにしなさい。何か作業を見つけて、手はずっと動かしていなさいよ」

「ほうきで掃除するときは、隅々まで丁寧に掃きなさい。部屋の中を丸く掃いたらダメ。四角く掃いていこう……と思って、ほうきの先を隅々まで届かすようにしなさい」

　このようなことを、お店を手伝う子どもたちにも、従業員の人にも、何度も、何度も言っていました。

　若いころから働きづめで、ゆっくり休んだり、遊んでいる姿を見たことがなかった母ですが、晩年、介護が必要になってからは、私と暮らすことになりました。

そのとき、一人さんは忙しいスケジュールの合間をぬって、頻繁に母の顔を見に来てくれました。

そして別れ際には
「おふくろ、はい、お小遣いだよ」

と母に、たくさんのお小遣いをあげるのです。

息子にお小遣いをもらうときの、母の嬉しそうな顔といったら!

母は一人さんからもらったお小遣いで、大好きな宝石を買うのを、楽しみにしていました。

いままで仕事ばかりの人生で、宝石を楽しむ時間など、なかったのでしょう。

時間があれば、宝石箱からいろいろな宝石を出してきて、嬉しそうに手にとって、ずっと眺めていました。

一人さんの心遣いで、母は晩年「宝石屋さん」が開けそうなほど、宝石を楽しむことができたのです。

そんな母も、一三年前に亡くなりました。

幼いころは「なんで、こんなに、仕事ばっかりするんだろう…」「なんで、子どものそばにいてくれないんだろう……」と母を理解できなかった私。

私の体の具合が悪いときでも、仕事に出かけて、ずっと帰ってこない母を、うらめしく思っていました。

いつも子どものそばにいてくれる、友達のお母さんが、うらやましかった。

でも、振り返ってみると、この母から、私も、一人さんも、商売のイロハを教わったのです。

いま、自分のお店を持つようになって、改めて母の教えを思い出し、心の中で母に話しかけています。

「お母さん、私に、いろいろなことを教えてくれて、ありがとう。お母さんの娘に生まれてこられて、幸せです」

幸せを呼ぶ「ひとりさんふくろうの絵」

一〇年前に夫が亡くなってから、「一人さんファンが集まるお店」を始めましたが、お店を開くまでに、一年ほどのブランクがあります。

その間、夢中になっていたのが「絵を描くこと」でした。

いままで絵を描いたり、習ったこともなかった私。

もっとも、幼い頃は家業の手伝いで忙しく、結婚してからは子育てや介護に追われ、「自分の好きなことをする時間」が六〇代後半になるまで持てなかったのです。

夫が亡くなって、はじめて「自分の時間」ができたとき、まっさきにやってみたいと思ったのが「絵を描くこと」。

さっそく近所の絵画教室に習いに行くと、私がなにげなく描いた絵を見た先生

が一言、

「あなたは絵を習う必要はありません。

小野さんの絵には、独特の世界観があるから、
このまま『小野ワールド』を極めていってください」

と言われました。

なんだか信じられないような褒め言葉をいただき驚きましたが、以来、独学で絵を描き続けています。

一人さんも最近まで、私が絵を描くことなど、まったく知りませんでした。

ある日、遊びに来た一人さんに、描きためた絵を見せると、びっくりしたように眺めながら、

「姉さんはこんなに繊細な絵を描く人だったんだね。知らなかったよ」

と驚いていました。

いろいろな絵を描きますが、とりわけ描いていて、ほのぼのした気持ちになるのが「ひとりさんふくろうの絵」。

私は以前から「ふくろう」という鳥には、何かとんでもない神秘的な力が宿っている……と思っていましたが、ふくろうを描いていると、とてもやすらかな気持ちになるのです。

ある日、描いているふくろうが一人さんにそっくりの顔になったので、「ひとりさんふくろう」と名付けてお店に飾ったところ、「ひとりさんふくろうの絵を譲ってほしい！」というお客さんが続々と現れました。

そのお客さんたちに、絵をお譲りして、数日後のこと。

なんと、大変うれしい報告がありました。

そのお客さんのお家には、年頃の娘さんがいて、よい縁談を探していたそうなのですが、「ひとりさんふくろうの絵」を飾ってから、非常によいお話が来て、

とんとん拍子で縁談が決まったそうなのです。

驚くことに、同様のお話が、立て続けに六件ほどありました。

縁結びの他にも、いろいろと嬉しいお話をいただいています。

絵を描いた私としては、思ってもみないようなお話でした。

その後、「幸せを呼ぶ『ひとりさんふくろうの絵』」として、お客さんの間で口コミで話題となり、いま、絵の仕上がりを待ってくださっている方が、何十名もいらっしゃいます。

「ひとりさんふくろうの絵」は、一枚、一枚、心をこめて描いているので、いっぺんにたくさん描くことはできませんが、それでも、「欲しい」と言ってくださる方がいるのが嬉しくて、描き続けています。

自分が楽しみながら描いていた絵を、こんなに喜んで飾ってくださる方がいることに、感謝の気持ちでいっぱいになります。

第三章

『一人さんのお姉さんのお店』常連さんにインタビュー！

「成東で起こった私の奇跡！」

※小堀正咲子さん（造園業）

浮気に走り、働かなくなった夫。
月二〇〇万円以上のローンと借金返済をひとりで背負い、ショックで「うつ」に。
一人さんのCDを聴いて「絶対に治る！」と確信。
「ツヤ」と「ピンクの服」と「光もの」で大変身し、新しいパートナーも！

私の両親の口癖は、「若いころの苦労は買ってでもしろ」。
子どものころから、この言葉を繰り返し言われて育ちました。
そう、私は「苦労」を選んでいれば、必ず幸せがくると信じて育ったのです。
のちに、一人さんの教えを学ぶようになって、
「苦労の先には、苦労しかない！」（苦労はしてはいけない！）
「幸せの先には、幸せがある！」（いま幸せになってしまうと、この先もますま

す幸せになる）
と痛感するようになるのですが……。
私のどろ沼のような結婚生活も、「苦労を選んだ私」にふさわしく、苦労、また苦労……の連続でした。

私は、二回の結婚をしています。

最初の結婚は二二歳のとき。

結婚してすぐ、夫が飲食業などの事業を興し、それが失敗して、四五〇〇万円の借金を背負いました。

家は競売にかけられ、住むところもなくなりました。

多額の借金は私たち夫婦には払い切れず、連帯保証人となった私の両親が、肩代わりして払ってくれることになりました。

借金が原因で夫婦仲も壊れ、私は二人の娘を連れて家を出て、シングルマザーとして働くことになりました。

女手ひとつで幼い子ども二人を食べさせていくのは大変なことでしたが、当時の私は「苦労は買ってでもしろ」がモットー。

苦労すればしただけ、この先には幸せがあると信じて、ただひたすらに仕事と育児を両立させるよう、努力してきました。

そんな中、二番目の夫と知り合いました。

夫と出逢った当初、夫はひどい皮膚病に苦しんでいました。

体中をかきむしり、皮膚の皮がめくれて真っ赤になっている状態を見て、「私がこの人をなんとかしてあげなければ……」という気持ちにかられてしまったのです。

夫には皮膚病を根本的に治すことを勧めました。

皮膚病を治すには「デトックス」の時期をのりこえなければならず、体中から膿を出すので、かゆさと苦しみで、夫はとても働ける状態ではありません。

そのため、夫が療養している間、私が働いてお金を援助したり、定額貯金を崩したりして、夫の家族と自分の家族の両方を養っていたときもありました。

やがて、私の娘が独り立ちをしたのを期に、夫と再婚。

夫は息子と二人三脚で、植木の流通業を営んできました。

バブルがはじけて時代が変わり、造園業に転換したのですが、当初はなかなかお金が回りませんでした。

追い打ちをかけるように、夫が何度も病気をして入退院をくりかえし、働けない時期が長くなったため、結局、多額の借金を背負いました。

私たち夫婦が、月に返済しなければいけない金額は、ローンも含めると、月二〇〇万円以上。

私は親から相続した土地を売り、預金は借金返済に当てましたが、それでも払いきれません。

最初は、夫の両親を世話しながら、夫の会社の経理や雑務を手伝っていたのですが、それだけでは手が足りず、素人ながら図面描きや下請業者との打ち合わせも手伝い、そして未経験ながらインターネットを使って営業もするようになりました。

昼も夜も、家族で必死に働き、お金を回していきました。

毎日、睡眠不足で、体はキツかったけど、なんとか夫を助けたい一心で、乗り越えてきたのです。

少しずつ売上げも伸び、将来のメドもたってきました。

やっとひと息ついたときに、思いがけないことが起きました。

夫が、浮気をしていることに気づいたのです。

いままで仕事が終わると、まっすぐに家に帰ってきて、なんでも相談にのってくれていた夫。

でも、夜中にこそこそと長電話をしていたり、仕事中もふらっとどこかに行ってしまって、何時間も音信不通に。

私が、仕事のことや、介護中の義父母のことを話しても、夫はまったくうわの空で、あいづちだけを打っています。

その夫の目を見たとき、私をまったく見ていないことに気づきました。

そのうちに、女ものの香水の匂いをプンプンさせて戻ってくるようになったり、家を出るときと違う下着に着替えて帰ってきたり……。

明らかに、女からのいやがらせだと思いました。

夫に問いただすと、最初はごまかしていましたが、私が強い調子で迫ると、

「そうだよ。好きな女ができたんだ。だから何なんだ？」

「オレをちゃんとかまわなかったお前が、悪いんだ」

と開き直った答え。

うすうすわかっていたこととはいえ、その夫の言葉と態度に、ショックで言葉が出てきませんでした。

その後、夫と女の行動はますますエスカレートするようになり、家族の食事中

にも女からの電話があり、夫は大きな声で女と話しながら、ゲラゲラ楽しそうに笑っています。

浮気相手は、夫がたまに行く飲み屋のママでした。

なんでも貸したお金を取り立てできないことと、男問題に困っているそうで、相談を受けているうちに気の毒で、男女の仲になったとのこと。

そして、いろいろな相談をもちかけては、夫を自分に引き寄せているようでした。

私がどんなに「やめて！」と言っても、「女のところへは行かないで！」と懇願しても、夫は少しでも時間ができると、風のように女の家に行ってしまいます。

そのうちに息子も一緒に、女と遊びに出かけるようになりました。

悔しくて、悲しくて、苦しくて、寂しくて……。

胸がはりさけそうになるのを抑えながら毎日を送るのは、耐えがたい思いでした。

それでも家には介護の手が必要な義父母がいて、「正咲子さん、どうか出ていかないでおくれよ……」と頼りにされます。

夫は出かけると長時間帰ってこないので、私はいままで夫がしていたように、職人さんへの指示を出したり、現場の打ち合わせから契約、お客さんからのクレーム処理までするようになりました。

昼間は泣きたい気持ちをグッとこらえて平静をよそおい、山のようにある仕事を片づけていきます。

夜になると、一人で車を海へと走らせました。

そして、誰もいない砂浜の上で、狂ったように泣きわめきました。

そのうち、家でも、悔しさや悲しみが抑えられなくなりました。

毎晩、台所に座り込んで泣き、布団の中でも声がもれないよう、タオルを口に押し込んで泣きました。

あまりにも泣いたので、目が腫れあがり、顔つきが変わってしまいました。

匂いや味もわからなくなってしまったので、食事の支度も困難になり、八〇歳の義母が見かねて手伝ってくれるようになりました。

体力もなくなり、フラフラで、まっすぐ歩くことさえできなくなりました。

家に来た次女が私の様子に気付き、

「お母さん、完全におかしいよ……。一緒に病院に行こうよ」

と、私を病院へ連れていきました。

病院での診断は「うつ」でした。

「なぜ、私一人が、こんなに苦しんで、病気にならなければいけないの?」

私は薬をもらいながら、ボーっとした頭で、お医者さんの声を聞いていました。

夫にそのことを話すと、私の前では「治したほうがいいよ……」とやさしい言葉をかけていましたが、その後、浮気相手の女に電話をかけているようでした。

「なんだか女房が狂ってきちゃってさあ……」

女と話をした後は、人が変わったように私に対してつらくあたります。

「キチガイ病院にでも入っていろ！　おかしな目つきをしやがって」

そう言い放ち、夫は女の家に出かけて行きました。

「……」。

その言葉を聞いたとき、「苦労を覚悟して結婚したけれど……。なんでこんなことになってしまったのだろう？」と信じられないような思いでした。

それでも「夫は女にだまされているんだ。時間が経てば、きっと目が覚めるはず……」と、まだ夫のことをかばう気持ちが働いていました。

義母と義姉は夫が浮気した当初からそのことに気付き、ずっと私に「正咲子さん、出ていかないで……。あんたに出ていかれたら、私たちどうしたらいいかわからないから……」と言っていました。

私も義父母のためにも、なんとか家を出ず、逃げずに乗り越えたいと思ってきました。

このときの私は「逃げる」ということに大きな罪悪感があったのです。

のちに一人さんのCDを聴くようになり、一人さんの

「逃げたいときは、逃げてもいいんだよ」

という言葉で、「逃げてもよかったんだ……」「早く逃げればよかった！」と気づくことになるのですが……。

ある日、義母が見るに見かねて、私にこう言ったのです。

「自分の息子ながら、あんな男だとは思わなかったよ……。正咲子さん、ここにいても幸せになれない。私だったら、とっくに家を出ているよ」

義父も息子にあきれかえっていて、「歳をとってから女に狂うと直らない。もう正咲子の好きなようにさせてやれ！」と言ってくれたそうです。

義母と義父だけでも、私のことを思いやってくれるのが、本当に救いでした。

そのころ、古い友人と偶然再会し、「斎藤一人さんという人の本がおもしろい」という話を聞きました。

本のタイトルなども教えてくれたのですが、「うつ」の症状がひどかった私は、覚えることができませんでした。

その頃は病状がかなり進み、仕事中に何度も倒れ、入退院を繰り返していた私。

それでも仕事の電話は、私の携帯電話にすべて転送されてくるので、もうろうとした頭で、お客さんや下請業者さんたちと仕事の打ち合わせをしていました。

その様子を見た長女が、「お母さん、このままじゃ死んじゃうよ！」と見かねて荷物を引き取りにきて、私を自分の家に連れていきました。

長女の家にきて一カ月経ち、やっと慣れてきたころのことです。

私と孫が車で出かけたときに、よそ見運転の車にぶつけられ、車は廃車に。

私は首や体がひどいムチウチになり、外出もままならない状態になってしまいました。

本当に、何かに呪われているとしか思えませんでした。

数カ月後、やっと近場に外出できるようになった私は、斎藤一人さんの本を勧めてくれた友人の家に遊びに行きました。

しかし、友人の家に着くと、ひどいめまいに襲われて、椅子に座っていられなくなりました。

知人は、私を気遣ってふとんを敷いてくれ、

「遠慮なく横になって休んでね。そうだ、おもしろいＣＤがあるから、かけてあげる。寝ながら聴いていればいいよ」

とＣＤをかけてくれたのです。

それが、斎藤一人さんのＣＤでした。

「運命は変えられる」というＣＤの中で、一人さんはこのようなことを呼びかけていました。

「生きていると、いろいろな『問題』が出てくるよね。

『問題』が起きると、たいていの人は、悩んだり、苦しんだりするよね。

でも、『問題』というのは、実は、あなたの魂を成長させるためのものなんです。

人間は、自分に起きた問題を利用して、『魂のステージ』をあげていくんです」

「……」

なんともいえない、一人さんのおだやかな声。

なんだか、この声を聴いているだけで、あたたかい「光の毛布」に、ふんわりと包まれていくみたい……。

私は、ひとすじの光を見つけた思いでした。

「私の悩みを解決できるのは、一人さんしかいない」

そう確信したのです。

それからというもの、一人さんのＣＤをたえず流して、何百回、何千回と聴きまくりました。

朝起きたときも、車を運転するときも、ご飯を食べるときも、仕事をするときも、眠っている間も……。

CDをかけっぱなしにしているだけで、不思議と私の心の状態は、どんどんおだやかに、安らかになっていきました。

そしてCDの中で、一人さんがこのようなことを言っていました。

「苦労はやめた方がいいよ」

「苦労の先には、苦労しかないよ」

私はハッとしました。

そうか……。

私が信じてきた「苦労は買ってでもしろ」というのは、間違いだったんだ……。

だから、こんなに苦労の連続で、苦労ばかりを、自分で引き寄せてしまっていたのだ……。

そう気がついたのです。

もっともっと一人さんの教えが知りたくて、私は千葉の成東にある、お姉さんのお店をたずねました。

いままでの経緯をお姉さんに話すと、お姉さんは自分のことのように親身になって聴いてくれて、

「あなた、よかったね！」

と言うのです。

「あなた、よかったね！　旦那さんの面倒を見てくれる代わりの人ができたんだから、あなたは旦那さんから解放されて、新しい人生を歩めるのよ。こんなに苦しんだのだから、あとはもう幸せの道しかない。必ず幸せになれるわよ！」

いままで世間の人に話をすると、「まあ、可愛そうに……」とか、「ひどいことになったわねえ……」と言われ続けてきた私。

お姉さんの

「よかったね！」

という一言で、救われたような気持ちになりました。

そのころ、長女の家族では、娘婿がイライラして娘や孫にあたったり、私をかばう娘と言い争っているのを目の当たりにするようになりました。

娘婿のイライラの原因は、私が同居していることに違いありません。

「これ以上、娘に気を遣わせるわけにはいかない……。娘のためにも、私はここにはいられない……」

そう思った私は、娘の家を飛び出し、ホテルや旅館よりも格安で泊まれる「健康ランド」のようなお風呂屋さんを渡り歩く生活が始まりました。

そんな中、私を心配したお姉さんから、「いま、どうしているの？」と電話がかかってきました。

私がお風呂屋さんを渡り歩いていることを知ると、お姉さんは、

「とにかく、すぐにいらっしゃい」

と言うのです。

「親切なお客さんがいて、その方のお家に、空いているお部屋があるっていうの。あなたを居候させてくださるっていうから、ありがたくお世話になったらどうかしら。これからのことは、あわてなくていいのよ。どうしたらあなたが幸せになれるかを、一緒に考えましょうよ」

「……」

その言葉が、どんなにうれしく、私の心をホッとさせるものだったか……。

お姉さんのあたたかい思いやりに触れて、私は夫の浮気以来、はじめて「嬉し涙」を流しました。

その日以来、私はお客さんのお家に居候させてもらうことになりました。

ある日、お店に行くと、一人さんがやってきました。

何百回、何千回と聴き続けた、一人さんのＣＤ。

そのご本人を目の前にして、私はうれしさと緊張で、どうしたらいいかわから
なくなりましたが、一人さんはやさしく微笑みながら、じっと私の顔を見つめ
て、こう言いました。
「あなたは、口が大きいから大丈夫だよ。
一生食べるのに困らないよ。
だから安心しな」
突然の言葉にあっけにとられていると、
「人相では、口は『経済』を表すんだよ。
だから、あなたは男に頼らなくても、一人で食べていける。
ところで仕事は何をやってるの？」
私が造園業をやっていたことを話すと、
「そうか、造園業をやっていたんだね。
庭をきれいにすると、女の人が喜ぶよね。

どうしたら女の人が喜ぶような庭になるかは、女性のあなたが一番わかっているることだよね。

あなたは独立して、女性の造園屋さんをはじめるのもいいかもしれない。

裁判して、ご主人からお金を取るよりも、自分で働いちゃった方が早くていいと思うよ」

そして、こんな話をしてくれました。

「ご主人が浮気をして、つらかったよね。

でも、その女の人にも、どこか、いいところがあったのかもしれない。

でも、あなたはあなたで、これからもっと幸せになれるから、大丈夫。

幸せになる方法を、これから教えてあげるよ」

私は全身全霊を傾けて、一人さんの言葉を聞きました。

「まず、幸せになるコツっていうのは、『ツヤ』なんだよ。

ツヤって、すごく大切なの。

幸せな奥さんでも、仕事で成功している女の人でも、肌がカサカサの人って、いないんだよ」

私は思わず、自分の顔をさわってみました。

目の下は「泣きジワ」ができてカサカサになり、皮がむけています。

肌は「乾燥イモ」のように、粉をふきそうな勢いでした。

一人さんは話を続けました。

「あとね、明るい色の洋服を着なよ。

アクセサリーとかも、つけなきゃダメだよ。

人って、『似合わないこと』って、起こらないんだよ。

ピンクの服を着て、キラキラしたアクセサリーをつけていたら、それにふさわしい、明るい出来事がやってくる。

だから、おしゃれって、すごく大切なんだよ」

「……」

私は、自分の格好を見渡してみました。

こげ茶色のブラウスに、黒のパンツ。

アクセサリー類は、ひとつもつけていません。

髪の毛も、とかすほどの気力がなく、寝グセがついてボサボサのまま。

そんな髪の毛でも「恥ずかしい」という意識さえ、なくなっていたのです。


私は、一人さんの話を聞いてすぐに、大型スーパーに出かけました。

アクセサリー売り場に行くと、キラキラしたネックレスや指輪が、手頃な値段で並んでいます。

ネックレスをひとつ、手にのせてみると、それだけで、いてもたってもいられないような恥ずかしさがこみあげてきました。

いままで心身ともに健康で、おしゃれを楽しんできた人には、考えられないことかもしれません。

でも、おしゃれらしいおしゃれをしたことがなく、心身の調子を崩していた私にとって、「光もの」をつけるということは、とんでもなく恥ずかしく、勇気のいることなのです。

それでも私は、「元気になりたい」「幸せになりたい」という一心で、キラキラしたアクセサリーを買ってみました。

そして家に帰り、まず、顔にツヤを出すことから始めました。

台所にあったオリーブオイルをたっぷりつけて（今は「ひとりさんつやクリーム」を使っています）、顔をツヤツヤにしたのです。

次に、ピンクやオレンジなどの明るい洋服を着るようにしました。

最後に「光もの」。光ものをつけることは相当気合いが必要でした。

でも、思い切ってつけたとき、私の中で、何かの「スイッチ」が入ったように思いました。

「幸せになります！」と神さまに手を上げた感じがしたのです。

ツヤ、明るい服、光もの。

その三つがすべてそろって、鏡を見たとき、私は自分の姿に息をのみました。

顔も髪もツヤツヤとして、ふんわりとしたピンクのブラウスを着た私。

胸には、キラキラしたネックレスが輝いています。

どこから見ても「幸せそうな私」が、そこに立っていたのです。


その格好でお店に行くと、お姉さんやお客さんたちは、私があまりにも変わったのでびっくりしたようでしたが、みんなで拍手をして喜んでくれました。

恥ずかしそうにたたずむ私に、お姉さんはこんな話をしてくれました。

「これで、どこから見ても『幸せな小堀さん』になったわね。

では、もうひとつ、さらに幸せになる方法を教えてあげる。

それはね、『過去に感謝すること』なの。

実は私も、過去に辛いことがいろいろあったの。

小堀さんと同じように、夫の浮気に苦しんだこともあったのよ。

でもね、『いまが幸せ』と思えるようになると、過去の出来事もすべて『幸せ』になってしまう。

『あのことのおかげで、いまの私がある』と、すべて肯定的にとらえられるようになるの。

そうなると、ますます、いまの幸せにも拍車がかかるのよ」

お姉さんのその言葉に、私は改めて、今回の出来事をふりかえってみました。

夫の浮気を知って、苦しんだから……。

私は一人さんのことを知り、お姉さんと出逢うことができました。

夫が浮気相手の家に出かけて、帰ってこなかったから……。

私が夫の仕事を何でもやったおかげで、造園業に関することは、すべてできるようになりました。

夫の家を出て、娘の家にもいられなくなったおかげで……。

私は成東のお店の近くに居候して、お店に頻繁に通うようになり、「ツヤを出すこと」や「光ものをつけること」や、おしゃれをする楽しみを知ったのです。

そう考えていくと……。

「夫の浮気」がきっかけで、実はたくさんのことを得ていたのです。

「お姉さん、私、夫が浮気をしてくれたことに感謝します！」

そう言うと、お姉さんはにっこりと微笑んでくれました。


その後、私は成東のお店の近くにいい物件を見つけ、そこに移り住むと同時に、造園業の看板を掲げました。

夫の代わりにクレーム処理をしていたことが功を奏し、お客さんのかゆい所に手が届くようなサービスを思いついたので、お客さんに喜ばれ、口コミで仕事がどんどん入ってくるようになりました。

本当に一人さんが言っていたとおり、「食べるのに困らない」盛況ぶりです。

しかし「小堀さんが新しい仕事をはじめた」「すごくキレイになった」「別人のようにハツラツとしている」という噂が、夫の耳に入ったようです。

あんなに私を邪険にしていた夫ですが、別れた女房がぐんとキレイになり、仕事でも成功している……と聞くと気になるらしく、「ずいぶん元気になったみたいだね」「仕事、順調みたいじゃないの?」と嫌味たっぷりのメールを送ってきたことがありました。

私は心がみだれ、「うつ」の精神状態に戻りましたが、お姉さんに言われた「過去に感謝する」という言葉を思い出し、

「あなたが優しくしてくれたこともあった。辛いこともいっぱいあった。だからいまがある。ありがとう。感謝しています」

というメールを打ちました。

すると、ぴたりと夫からのメールが来なくなりました。

本当の意味で、夫から卒業できたのだと思いました。

そして、その一年後、私には新しい恋人ができました。

彼は本当におだやかな人で、私がいままで感じたことのない、安らぎと心のゆとりを与えてくれます。

この歳になって、こんな良い人に出逢えるとは、思ってもみませんでした。

新しい恋人ができたとき、私はお姉さんにまっさきに知らせたくて、はずむような気持ちを抑えながら電話をしました。

「お姉さんに逢わせたい人がいるの！」

私の声を聞いて、お姉さんはすぐに「恋人ができた」とわかったそうです。

「あなた、よかったわね！

私が最初に言ったとおり、本当に幸せになれたでしょ」

私は何度もうなずきながらお姉さんの言葉を聴き、これ以上ない幸せをかみしめました。

いまでは彼も、一人さんとお姉さんの大ファンになっています。

「運命は変えられる」

はじめて聴いたCDで一人さんが呼びかけていたとおり、私にとって、「夫の浮気」は、私の運命を変えるためのありがたいきっかけとなってくれたのです。

※水嶋 翔さん（飲食店勤務）

占い師に、利用されそうになった僕。
一人さんの
「だまされやすいから、気をつけなよ」
の一言で、我にかえった。

いまから一〇年前のことです。

当時、三〇歳だった僕は、同僚とケンカをしたことから、前の仕事を辞め、しばらく家にひきこもっていました。

母親からは、「仕事はどうするの？」「将来のことはどう考えてるの？」「いつまで、そうやって遊んでいるつもり？」とうるさく言われる日々。

仕事も、やりたいことも見つからず、気持ちは焦るばかり。

友達に相談したくても、皆、仕事で忙しそうにしています。

何かに夢中になれる人が、うらやましくてたまらず、一人、もんもんとした日々を送っていました。


そんなときに、家の近くで、ふと、目にとまった看板がありました。

「あなたの人生が劇的に変わる『奇跡の占い』です」

料金は、三〇分で三千円。

手頃な価格でした。

「こういうところで見てもらったら、いまの状態を抜け出せるきっかけがつかめるかもしれない……」

そう思った僕は、さっそく電話をかけてみました。

電話に出たのは、人当たりの良い、とてもやさしそうな声の女性でした。

僕が話をすると、「それは大変だったのね……」と親身になって聞いてくれます。

「明日にでも占いで見てみましょうね。気をつけていらしてくださいね」

そんなやさしい言葉に、ずっともんもんとしていた心が、パーッと晴れていくような気がしました。

次の日、僕が出かけていくと、電話に出てくれた女性が出てきました。

「私、占い師のヒトミといいます。よく来てくださいましたね」

その人は、女優さんのようにキレイな女の人でした。

僕は正直、ちょっとうれしくなりました。

いままで誰にも相談できず、たまっていた思いを、すべてヒトミ先生に話すと、ヒトミ先生は真剣にうなずきながら聞き、こんな話をはじめました。

「水嶋くんが、こんなに大変な思いをしたのはね、あなたの名前のせいなの。この姓名判断の表を見て。こんなに凶数（悪い字画の組み合わせ）が入っているでしょう？　この名前だったら、いままでずいぶん苦労したと思うわ……」

ヒトミ先生は、僕が名前のせいで、いままでどんなにツキを落としてきたかを、詳しく説明してくれました。

「でもね、大丈夫。星占いの方で見ると、あなたの星は、すごい星なの」

ヒトミ先生は、こんどは星占いの表を広げて、僕に見せながら言いました。

「あなたは人から、可愛がられるでしょう。だって、人に愛されて、人から盛り立ててもらえる魅力を持って生まれてきたのよ。これから占いを勉強して、自分の長所を生かせば、すばらしい職業に就くことができるわ。そうね、たとえば……政治家なんかにも向いているのよ」

「えっ、政治家ですか？」

僕は、いままで暗かった数カ月間の思いが吹き飛んで、自分の将来に対してワクワクするような気持ちになりました。

「ねえ、水嶋くん、占いを勉強してみない？　占いを知れば、これからどんなトラブルが起こりそうになっても、事前に防げるようになるわよ。政治家だって、占いを活用している人が大勢いるの」

熱心に話してくれるヒトミ先生の言葉を聞いて、僕は迷わず、占い教室に通うことに決めました。


占い教室に通うには、月に二万円の月謝がかかります。

貯金の中から、なんとか出せる金額でしたが、「あれ?」と不思議に思うことが、いくつかありました。


例えば、先生が領収書を発行しないこと。

占い教室のほうも、授業というより、ほとんど雑談に近いものでした。

そして、「将来、占い師になったときに絶対に必要になるから」と二五〇万円の水晶や、「運気が飛躍的によくなるから」と、三本で一五〇万円の印鑑の購入も勧められました。

僕はお金がなくて水晶や印鑑は買えませんでしたが、何名かの生徒さんは購入していました。

その中には、奥さんを亡くした一人暮らしのおじいさんがいて、ヒトミ先生に勧められるまま次々と品物を買い、一千万円近い金額を費やしている……という噂も聞きました。

腑に落ちないことはありましたが、それでもヒトミ先生と話をすると、なんだか元気が出てくるような気がして、僕は占い教室に頻繁に通うようになりました。


ある日、ヒトミ先生が「お茶でも飲んでいかない？」と誘ってくれました。

喫茶店に入ると、ヒトミ先生は、こんな話を切り出しました。

「ねえ、水嶋くん。政治家になるには、自分のブレーンを作ることが大切なの。そろそろ、水嶋くんもブレーンを作る練習をはじめたらいいんじゃないかしら」

「僕のブレーンって……。そんなあ、どうやって作ればいいのかなあ？」

僕はちょっと照れながら、ヒトミ先生に聞きました。

「水嶋くんはイケメンだし、年上の女の人に可愛がられる魅力があるわ。まずは、何人かの女性とお付き合いして、政治家になるためのお金をバックアップしてもらったらどうかしら？　こういうことも、人を動かす練習になるわよ」

ヒトミ先生は数日後、僕に四〇代半ばの「看護師の女性」を紹介してくれました。

その女性とは占い教室で何度か一緒になったことがあったのですが、僕のことを気に入っていて、「水嶋くんってジャニーズ系で可愛いよね。私、タイプなの」とヒトミ先生に言っていたとのこと。

看護師の女性は、数年前に旦那さんが事故で寝たきりとなり、一人で働きながら、旦那さんと大学生のお子さんを養ってきたということでした。

その日は、ひとしきり三人でしゃべった後、看護師の女性は帰っていきました。

ヒトミ先生と二人きりになると、ヒトミ先生は声をひそめて、僕にこう言いました。

「これから水嶋くんの印鑑が必要になったら、あの女性におねだりしてみなさい。きっと買ってくれるわよ。だって彼女、あなたに夢中だもの」

その数日後、またヒトミ先生に喫茶店に誘われました。

こんどは「ある資産家の女性」を僕に紹介してくれるというのです。

その紹介を受けるにあたり、ヒトミ先生と、「ゴウダ先生」という男性の占い師と、三人で入念な打ち合わせをしました。

ちなみに「ゴウダ先生」というのは、ヒトミ先生のパートナーなのだとか。

「パートナー」という言葉を聞いて、ヒトミ先生に憧れていた僕は少なからずショックを受けました。

でも心のどこかで「僕がもっとお金を集めて、政治家になって成功したら、ヒトミ先生はゴウダ先生と別れて、僕と付き合ってくれるかも……」という思いも沸いてきました。

ゴウダ先生は大柄で強面で、占い師というより「武闘家」のような体つきでした。

なぜゴウダ先生が、突然、打ち合わせに加わったのかは謎でしたが、ゴウダ先生も熱心に「資産家の奥さん」と仲良くすることをすすめました。

「水嶋くんは、家庭の愛情を知らずに育った、可愛そうな男の子という設定にしましょう。その方が、女性の母性本能をくすぐるわ。だから水嶋くんは暗い表情をして、うつむいていてね」

ヒトミ先生がそう提案し、僕はそのとおりにすることにしました。

いよいよ「資産家の奥さん」を紹介される日がやってきました。

ヒトミ先生は、奥さんに、

「この子は、本当に可愛そうな生い立ちなの。どろ沼の中を歩んできたのに、恵まれない人を助けるために、政治家になりたいって言うんです。この子の受けた傷を癒やせるのは、あなたしかいないって思ったの。ぜひ水嶋くんとお友達になってあげていただけませんか？」

奥さんは、ヒトミ先生の話を真剣に聞き、同情もあってか、僕のことを気にいった様子。その場で、今度は奥さんと二人きりで逢う約束をしました。

その日の夜、ヒトミ先生から、電話がかかってきました。

「ちょっとゴウダ先生が、お話があるっていうから、代わるわね」

ゴウダ先生が電話に出ると、いままで聞いたことのないような、すごみのある口調でこう言いました。

「水嶋くん、わかっているだろうけど、あの奥さんを紹介したのはオレたちだからな。だから、奥さんからお金をもらったら、半分はこっちに渡してくれよ。それが大人のルールだからな」

「……」

僕はゴウダ先生の口調にびっくりしました。

「これは、ヤバイことになったかも……」

心の中に不安がじりじりとにじんできましたが、すでに走り出してしまった事態に、いまさらどうやって引き返していいのかわかりません。

とりあえず、数日後の「資産家の奥さん」との約束には出かけることにしました。

「資産家の奥さん」は、とても善良そうな美しい人でした。

僕と逢うと、すぐに自分の車にのせてくれて、「お腹はすいていないの？」と気遣ってくれます。

「いえ、大丈夫です」と僕が答えると、奥さんは、

「そう、じゃあ私、水嶋くんを、とてもステキなところに連れて行ってあげる。行けばわかるわよ」と車を走らせました。

「どこに行くんだろう……。まさか、いきなりラブホテルじゃないよな？」

走り出した車の中で、僕の頭は妄想と不安でいっぱいになりました。

やがて車は一軒のお店の前で止まりました。

「一人さんファンのお店」

小さな喫茶店のような可愛らしいお店を見て、僕はホッと胸をなでおろしました。

扉を開けると、中から「お姉さん」と呼ばれる女性が出ていて、やさしい笑顔で「あら、いらっしゃい」と出迎えてくれます。

親戚の家に遊びにきたような、ほのぼのする雰囲気の店内。

あったかい「すいとん」をご馳走になって、麦茶を飲んでいると、ここ数日間の緊迫感から逃れて、しみじみ心がくつろいでいくような気がしました。

やがて、そこは斎藤一人さんのお姉さんがやっているお店だということを知りました。

僕のことを「可愛そうな男の子」だと信じきった奥さんが、僕の心を少しでも癒やそうと、このお店に連れてきてくれたのです。

僕は、奥さんからお金を引き出す目的で来たことも忘れ、すっかりこのお店が気に入り、お店に頻繁に通うようになったのです。

あるとき、お店で一人さんとお逢いすることができました。

一人さんは初対面の僕に向かって、こんなふうに言いました。

「君は純粋で、とってもいい子だね」

僕は褒めてもらったことがうれしくてたまらなかったのですが、その後に、

「でも、だまされやすいタイプかもしれないから、気をつけなよ」

と言うのです。

この言葉に、僕は、ハッとしました。

一人さんはひょっとして、ヒトミ先生たちとの一件をわかっていて、それとなく助言してくれているのではないだろうか？

僕がじっと考え込んでいると、一人さんはみんなの方を向き、こんな話をしま

した。

「みんな、『善に強きは悪に強くなくちゃいけない』っていう言葉の意味がわかるかい？

『悪に強い』というのは、悪を見抜く力があるということ。

要するに、悪い人が考えていることが、わからないといけないっていうことだよね。

人は、『人がいい』だけでは生きられない。

いい人でも、悪に弱かったら、詐欺だとか、いろいろなものにひっかかってしまう。

そうなったときは、あなたのお金が奪われるだけではないんだよ。

悪人にお金が行って、また悪いことをする。

あなたのお金が、悪いことに使われてしまうんだよ。

わかるかい？

だから、世の中のためにも、悪にだまされない人にならなきゃいけない。

人をおどかしたり、不安にさせたりするのは、偽物だよ。

神を口にしたり、占いを口にして、おどかすような話をするのは、何か自分に得があるからだよね。

だから、そういうおかしな話が出てきたら、『これ、おかしい』ってちゃんと見抜いて、だまされないようにしなよ」

「……」

僕はそのときは、何もしゃべれませんでしたが、後日、お姉さんに、すべてのことを話しました。

お姉さんは僕のことを、とても心配してくれました。

「その人たちが、またおどすようなことを言ってきたら、必ず相談しなさいよ」

「正当な努力をしていれば、絶対に、いい仕事が見つかるからね」

僕に逢うたびに、なんども、なんども言ってくれます。

僕は正直、迷っていました。

ヒトミ先生の言うことをまだ信じていたし、ゴウダ先生からは何をされるかわからず、恐かったのです。

でも、お姉さんの熱心な言葉に、だんだん、我に返ってきました。

なぜなら、お姉さんの言葉が、何か見返りを求めて言っている言葉ではなく、心から僕のことを心配し、僕のことを思って言ってくれている言葉だとわかったからです。

ヒトミ先生やゴウダ先生はよく、生徒さんたちに、このように言っていました。

「私たちは、あなたに、こんなにしてあげてるのに……」

でも、お姉さんは僕に、おしつけがましいことを言ったり、不安にさせることを言ったことは、一度もありません。

「水嶋くんを信じているよ」

最後には必ず、にこやかな笑顔で、そう送りだしてくれます。

もう二度と、占い教室に通うことはやめました。

その後も何度か、ゴウダ先生から、おどしのような電話がありましたが、お姉さんが励ましてくれたので、気持ちが落ち着き、事を荒立てずに済むことができました。

この決断をしてから、心が軽くなり、すべての物事がいい方向へと向かうようになりました。

就職も決まり、いまではレストランで働いています。

将来、お店を持ちたいのですが、お姉さんのように「人助けができる店主」になることが目標です。

お姉さんに逢いたくて、遠い街から通ってくるお客さんがいます。

僕も、「あなたに逢いたいから、遠くから来ました！」と言ってくれるようなお客さんを持てることが目標です。

その日まで、お姉さんのお店で学びながら、自分を磨いていこうと思います。

※牧野慶子さん（専業主婦）

義父に殴られ、さげすまれてきた義母。
一人さんから教わった
「お義母さんは、強いね」
という言葉で、状況が変わった！

私はもう三〇年以上も、同居している義父の暴力と暴言に、苦しみ続けてきました。

私は二四歳で夫の家に嫁ぎましたが、嫁いですぐに、義父の異常ともいえる行動に驚きました。

たとえば食事時、自分の好物が出てこなかったり、食卓の調味料の位置がずれているなど、ほんのちょっとしたことで、義母にひどい罵声をあびせるのです。

「このアマが！　何度言われれば、まともに用意できるんだ！」

「まったくの役立たずのくせに！　誰のおかげでメシが食えると思ってるんだ？」

義母が少しでも言い返すと、こんどは手や足が出ます。

そばにある物をつかんで、それで義母の顔や体を、容赦なくたたくのです。

杖で殴られた義母の顔が、「お岩さん」のように紫色に腫れあがることも、しょっちゅうでした。

そして、義父の行動とともに驚いたのが、夫の態度です。

夫は、目の前で母親が父親に、死ぬほどなぐられていても、まるで何事もないかのように知らんぷりをするのです。

「あなた、お義母さんが、あんなになぐられて！

お義父さんを早くとめてください」

私は何度も声を押し殺して夫に言いましたが、夫は、

「オレが子どものころから、あの二人はずっとああさ。オヤジが怒りだすと、誰も止められない。オヤジを怒らすオフクロも悪いのさ。おさまるまで放っておけばいいんだよ」

そう言って、自分の部屋に戻ってしまうのです。

息子だというのに、なんて冷たいんだろう……。

そんな夫の態度にも、ゾッとするような思いでした。

義父は、だんだん年老いてくると、足が不自由になりましたが、それでも暴力と暴言は、まったく治まりませんでした。

以前のように、義母をなぐりたいときに、すぐにそばにいけないので、義父はゴムと木切れで手製の「パチンコ」を作ったのです。

そして石を拾ってためておいては、義母が気に入らないことをすると、パチンコで石の玉を飛ばすのです。

石が義母の顔に命中して、うずくまって痛がるのを、笑みをうかべながら見ている義父……。

そんな義父の顔を見ると、背筋が寒くなるようでした。

暴力だけにとどまらず、暴言もますますエスカレートしていきました。

人が家に訪ねてくると、宴のたけなわで、義母の悪口を延々と話しだすのです。

「この女は、若いころ、すぐに男に色目を使いやがって……」

あまりに下品なひどい内容なので、話をされた人は、みな一同に口をつぐんで、うつむいてしまいます。

義母は、お客さんの前でこんな話をされて、いったいどんな思いで、この話を聞いているのかと思うと、いたたまれないような気持ちがしました。

義父の暴力と暴言は、しだいに、私自身にも及ぶようになりました。

金銭に関して、異様なほどケチな義父は、家族が使うお金をすべて監視し、貯金通帳を見ることだけを楽しみにしていました。

ある日、義父が食卓で貯金通帳を見ていたので、そばでテーブルを拭いていると、義父がいきなり私になぐりかかってきたのです。

「オマエ、オレの金を、見ようとしただろう！」

私が何度「違います！」と言っても、たけりくるった義父は、私におおいかぶさり、

「オレの金は、誰にもさわらせない！」

「オレの金は、オレだけのものだ！」

大声でどなりながら、何度も私を殴りました。

「このまま、この家にいたら、私の精神状態もおかしくなってしまう……」

家を飛び出すことも考えましたが、一人で食べていくすべも、頼れる親戚もありません。

いったい何に救いを求めてよいか、まったくわかりませんでした。

そんなとき友人が、斎藤一人さんの本を読み、「一人さんの考え方を知るとね、気持ちがとってもおだやかになるんだよ」と教えてくれました。

「天国言葉というのがあって、ただそれを言っているだけで、心が落ち着くんだって」

私のような状況にある人が、たった「言葉」を唱えただけで、改善するのでしょうか……。

信じられないような気持ちでしたが、とにかく一人さんの本を貸してもらい、天国言葉を唱えはじめました。

そして、いつものように義父の暴言や暴力がはじまると、小さな声で、「愛してます、ついてる……」と「天国言葉」をつぶやいてみたのです。

「天国言葉」をつぶやきはじめると、こんなひどい状況を目の当たりにしているにもかかわらず、私の心の中が、不思議とスーッとラクになるのを感じました。

たった言葉を言っただけで、気持ちがこんなに落ち着くなんて……。

「もっと、一人さんの教えを勉強したい」

そう思った私は、成東にある、一人さんのお姉さんのお店に通うようになりました。

ある日のこと、お店に行くと、偶然、お店に来ていた一人さんにお逢いすることができました。

実は、その日の前日も、義父がひどく暴れていたので、私はお姉さんに、「昨日もお義母さんが殴られてね……」となにげなく話をしていると、それを聞いていた一人さんが、「よし、いまから話をしよう。何か困ったことがあったら、みんなで考えよう。一人の話は、万人の話だからね」というのです。

「あのね、そのお義母さんって、強いんだよ。

だって、いくら殴られていても、もう何十年もお義父さんと一緒にいるってことは、お義母さんは相当強いんだっていう見方しないとダメだよね。

なんでかっていうと、その夫婦、別れないよ。

なにかでバランスがとれて、いいこともあるから、一緒にいるんだよ。

わかるかい？

それを、お義母さんの心配をずっとしていると、あなたがおかしくなっちゃうから。

『お義母さんってすごいなあ。ものすごく強い人だなあ』って見方を変えると、自分もラクになるんだよね。

その夫婦って、変わらないよ。

変わらないから、こっちの見方を変えるしかないの。

見方を変えたら、まずあなたがそのことで嫌な思いをしないで、幸せになれるんだよね。

不思議なんだけど……。波動の世界では、誰か一人が『すごいな！　このお義父さんと何十年も連れ添えて。お義母さんってすごい人なんだなあ！』って尊敬の念で見るようになると、その状況の波動が変わるの。

見る側の波動が変わると、相手の波動も変わってくるの。

お義母さん自体が変わってくるの。

これからの展開が変わってくるの。

なぜ、いままで、この状況が変わらなかったかというと、『お義母さん、可愛そう。お義父さんは暴君だ……』っていう見方を全員がしていたの。

だから、何も、変わらないの。

その中で、あなただけでも、見方を変えてあげて。

『お義母さん、すごいなあ。強い人だなあ。よくこのお義父さんと一緒にいられるなあ。私だったら、一年ももたないなあ。それを何十年も続けるということは、自分よりも何倍も強い人なんだ』

そういう見方をしてあげると、自分も心おだやかだし、相手も心おだやかですよっていうことなのね」

「……」

一人さんのこの話は、私の胸に深く沁み入りました。

いままで私が何十年間も苦しんできたことが、なぜ今日はじめて逢った一人さんにはわかるのでしょう？

そして、こんなに親身になって、一生懸命に教えてくれる。胸がいっぱいになってしまって、言葉が出てきませんでしたが、私の心の中には感謝の気持ちがあふれてきました。

それ以後、義父が義母を殴るたびに、「お義母さんって、強いなあ」という見方をするようにしたのです。

義母にも何かにつけて、「お義母さんは、えらいよね。すごく強い人なんだね」と声をかけるようになりました。

このことで、私と義母の絆が強くなり、義母は少しずつ明るく、強くなっていきました。

義父に殴られても、「また、やられちゃったよ。でも、私は強いから、大丈夫。こんどこそ、おじいちゃんにやりかえすよ」と笑って言えるようになったのです。

そして、現実に、展開が変わりました。

今年の五月、義父が息をひきとったのです。

いままで義父のことが嫌で嫌でたまりませんでしたが、義父と同居したことで、私は多くのことを学びました。

だって一人さんの教えに出逢えたのも、義父がいたからなのです。

義父と私の出逢いは、一人さんの教えを学ぶためにあったのではないかとさえ思うのです。

「すべてのことに意味がある」

そう一人さんはおっしゃっていますが、私と義父の出逢いにも、やはりたくさんの意味があったのです。

✻飯田　心さん（会社員）

母の愛を知らず、過酷な環境で育った私。
一八歳で娘を生み、シングルマザーに。
一人さんの教えと、お姉さんの励ましで
父の介護も子育ても、すべて乗り越えられた！

お姉さんとはじめて逢ったときのこと。
その瞬間を、私はいまでも、はっきりと覚えています。
「一人さんのお姉さんにひと目逢いたい……」
ずっと、そう思い続けてきた私。
成東のお店についた瞬間、うれしくて、うれしくて、高鳴る胸を押さえながら
ドアを開けました。

「まあ、いらっしゃい！」

店の奥から、私を包み込むような笑顔で出てきてくれたお姉さんの顔を見たとき、私の胸には、いままで感じたことのないような強烈な思いがこみあげてきました。

あったかくて、愛しくて……。

はじめて逢ったとは思えないような懐かしい気持ち……。

私は思わず
「お母さん！」

と叫んで、抱きついて泣いてしまったのです。

「……」

私は、自分の口から出た言葉に驚きました。

でも、お姉さんはもっと驚いたに違いありません。

それでもお姉さんは、私を両手でしっかり抱き締めて、私の背中をやさしくさすってくれました。

私が叫んだ、

「お母さん」

という言葉。

この言葉を、普通に言える人が、どんなにうらやましかったか……。

それは私の生まれ育った環境にありました。


私には、母の記憶がほとんどありません。

両親は、私が三歳のときに離婚をしました。

父と祖父母の中で、私は六歳まで育ちました。

父は鉄工所を経営していましたが、私が小学校一年生のときに、事業に行きづまり、倒産してしまいました。

多額の借金を背負い、家は差し押さえられてしまいました。

たんすや本棚など、家中の家具に「赤い札」が貼られている異様な光景を、私はいまだに覚えています。

がっくりと肩を落としている大人たちの様子を見て、何か尋常ではないことが起こったのだと、幼い私は理解しました。

祖父母は親戚の家に行くことになり、そのときに、「心も一緒に親戚の家へ連れていく……」という話もでたそうです。

でも父は「心はオレが育てる。心と離れ離れになりたくない……」とがんとして譲らなかったのだとか。

結局、私は父と二人だけで、山奥の古い民家に移り住みました。

父は手っ取り早くお金を稼ぐために、長距離トラックの運転手になりました。いちど遠方に出かけると、父は一週間も家に戻ってこられなくなります。

誰かに私を預ける余裕もなく、父は私ひとりを置いたまま、仕事に出かけていきました。

小学校一年生の子どもが、大きな古い家の中で、ひとりぼっちで何日も過ごすのは、想像を絶する寂しさでした。

食事も、冷蔵庫にあるものを温めて、ひとりで食べる気力などなくなってしまいます。

それでもお腹はすくので、スナック菓子やパンを食べて、父が帰るまでなんとか食べつなぎました。

お風呂もひとりで沸かして入る気にならず、父が帰ってこない間は、ほとんど入らない生活。

学校も家からうんと離れていたので、どうしても行く気にもなりません。

「なぜ、私一人が、こんなに寂しい思いをするの?」

「なぜ、おじいちゃんやおばあちゃんと離れて暮らさなきゃいけないの?」

「お父さんはどうして帰ってこないの?」

「なぜ私には、お母さんがいないの?」

私の心の中は、いつも、そんな言葉であふれかえっていました。

あまりの寂しさから吐き気がして、食べたものを吐いてしまったり、原因のわからない高熱が出ることもありました。

どんなに私が体調が悪くても、気づいてくれる人は、誰ひとりいません。

父が帰ってくるまで、私は、一人で孤独と戦うしかありませんでした。


そんな生活が二年間続き、私は小学校三年生になりました。

そのころ、父は行きつけの飲み屋のママから、

「このままでは心ちゃんが可愛そうよ。お母さんの代わりになってくれる人を作らなきゃね」

と、父より少し若い女の人を紹介してもらいました。

その女性は、私のことを可愛がってくれて、ご飯を作ってくれたり、女の子らしい小物をプレゼントしてくれたりしました。

私ははじめて「お母さん代わり」ができたうれしさで、「お姉ちゃん、お姉ちゃん」とその女性に甘えました。

やがて、父と私は山奥の民家を出て、女性の家に移り住み、三人で暮らすことになりました。

やっと「孤独地獄」から救われた私。

三人での暮らしは、最初は順調でしたが、ひとつだけ、とても嫌なことがありました。

それは、父がいないときに、「知らないオジサン」が部屋にやってくること。

その女性はスナックで働いていたので、そこのお客さんだったのかもしれませんが、子ども心に「お姉ちゃんには、お父さんがいるのに……。どうして別の男の人をおうちに上げるの？」という疑問がありました。

ある日、父と二人きりになったときに、「お父さんがいないときに、知らないオジサンがきているよ」と話してしまったのです。

父はそのときは黙って聞いていましたが、その一週間後、父が突然「ここを出ていくから、荷物をまとめなさい」と言い出しました。

結局、「お母さん代わり」のお姉ちゃんとはそれっきりになってしまいました。

こうして、私はまたしても、父と二人きりの生活が始まりました。

父は父なりに、父親としての愛情をそそいでくれたと思います。

借金を返しながら、男手ひとつで幼い私を育てるというのは、大変なことだったと思うのです。

それでも……。お金にだらしがなく、気がまわらないところがありました。

お金が入ってきたら、入ってきただけ、後先のことを考えずに使ってしまいます。

当時、給食費や教材費を封筒に入れて、学校に持っていかなければならなかったのですが、父に言うと「いまお金がない……」。

いつも私一人が提出できず、先生からも「いつごろ持ってこられそうかな？」と遠慮がちに催促されるのが常でした。

学校に着ていく洋服も、知り合いの子どもの「おさがり」をもらっていたので、服のデザインや描かれているキャラクターがひと昔前のものでした。

私の家庭の事情を知らない同級生は、「それ、流行おくれだよね」「なんで流行りの服を着ないの？」と遠慮なく言ってきます。

下着もごくたまにしか買ってもらえなかったので、身体検査などで、着古した下着姿になるのが、とても嫌でした。

たまに友人の家に遊びに行くと、当然のように、お母さんがあったかいご飯を作ってくれて、お風呂が準備されています。

夜寝るときは、お布団もちゃんと敷いてあって、女の子らしいパジャマも準備されてあって……。

お母さんが「おやすみ」と笑顔でほほえんでくれる。

そんな光景がたまらなくうらやましく、自分の置かれた環境と比べてしまうのでした。

そんなことが重なり、ほとんど学校にも行かなくなってしまいました。

私が小学校を卒業するころ、父は家賃を滞納し、夜逃げのような形で、別の町へと移り住みました。

私は中学生になりましたが、そのころの暮らしはどん底そのもの。

電気・ガス・水道・電話がすべて止められて、真冬だというのに、お風呂場にくんである冷水で震えながら髪を洗うような生活でした。

家が貧しいことと、母のいない寂しさをはらすように、私は夜中に遊び歩くようになりました。

私の遊び仲間は、やはり片親だったり、恵まれない家庭の子がほとんどで、それがかえって私には、居心地のよさを感じました。

みんなお金がないので、ラブホテルの一室に大勢で雑魚寝したり、駅の待合室で肩をよせあって野宿をしたり……。

そんな生活でも、たくさんの仲間に囲まれていると、人とふれあう温もりを感じました。

中学卒業後、高校にも行きましたが、結局一カ月で中退。

そのころ、私には、七歳年上の彼氏ができました。

彼氏は札付きの「ワル」で、シンナーを売ったり、バイクの無免許運転をして警察につかまりそうになり、逃げている途中で私と知り合ったのです。

彼と付き合うようになって数カ月後、彼の家に警察がやってきて、逮捕状を見せられました。

結局、彼は刑務所で二年間服役することとなりました。

私は大きなショックを受けましたが、「はじめて愛した男性が、社会復帰するために、がんばって更生しているのだから、彼を支えながら待とう……」と思い、美容院で働きながら、面会に行ったり、手紙を書いたり、彼が刑務所から出てくるのを待ちました。

そして服役を終えた彼と再会し、私は一八歳で彼の子どもをみごもったのです。

子どもができたことを機に、私たちは籍を入れました。

私のお腹は日に日に大きくなっていきましたが、当時の私には大きな悩みがありました。

それは、彼が働かないこと。

前科があり、なかなか就職が決まらなかった彼は、父親の仕事を手伝っていたのですが、すぐに父親と衝突して、職場を出てきてしまうのです。

そして何日も仕事に行かず、家でゴロゴロしている姿を見ると、「いったいこの先、どうやって子どもを育てていくつもりなんだろう?」と腹立たしさと不安は増すばかりでした。

そのころの生活費は、彼がパチンコでとってくるお金だけ。

そんな中、私は女の子を出産しました。

彼も子どもが生まれたことは喜んでくれましたが、それはほんの束の間のことでした。

すぐに仲間と遊び歩くようになり、私と子どもを置いて、どこかに行ってしまいます。

私の貯金は底をつき、子どものミルクやおむつさえ、買うお金がなくなってしまいました。

結局、友人に頭を下げてお金を借り、子どもにミルクを買いましたが、本当に情けなく、子どもが不憫でたまりませんでした。

私たちの生活を見るに見かねた父親が、少しばかりの生活費を援助してくれるようになりました。

しばらくすると、私のお財布から、いつのまにかお札が何枚か抜き取られていることに気が付きました。

彼に問いただすと、「パチンコするお金を借りたんだよ。これを元金にして、もっと稼いできてやるからさ……」。

私と彼は激しい口論となり、いきりたった彼は私に手をあげました。

それからというもの、彼にお金を盗まれても、殴られるのが怖くて、我慢するようになってしまいました。

ある日、私の親戚のおばさんから「心ちゃんのお子さんへ、現金書留でお祝いを贈ったからね」と連絡がありました。

おばさんの気持ちが本当にうれしくて、心待ちしていたのですが、その「お祝い」はいつまでたっても届きません。

おばさんに確認すると、「えっ、もうとっくに送ったよ」との答え。

私はハッとしました。

彼に聞くと「お祝いなんて、受け取っていない」との一点張りでしたが、私は郵便局に電話をかけて、配達してくれた人にまで確かめました。

「間違いなく○月○日にお宅に配達しました。大柄な男の人に渡しましたよ」という答え。

もう彼に間違いありません。

結局、問いただすと、遊びのお金に使ってしまったと白状しました。

私のお金だけならまだしも、子どもの「お祝い」にまで手をつけるなんて……。

もう我慢ができませんでした。

「もう別れたい……。この家から出ていって」

私がそう告げると、彼は「お前と別れるのはいいけれど、子どもは絶対、渡さないぞ……」と言うのです。

結局、彼と私は家裁で争うこととなりました。

裁判では勝利し、私はシングルマザーとして、子どもと二人でやり直すことになりました。

女手ひとつで育てた子どもが小学校高学年になったころ、私は子宮内膜症を患い、病院に入院することになりました。

そのときに、同室だった人が、「この本、おもしろいよ」と貸してくれたのが斎藤一人さんの本でした。

私はそれまで、子育てと仕事に追われ、ゆっくり本を読む時間すらありませんでした。

少しずつページをめくっていくと、とてもわかりやすくて、おもしろい教えが書いてあります。

その中で、私がくぎづけになったページがありました。

それは

「自分が幸せになると、どんな親にも感謝できる」

という教えです。

「人間って、本当に幸せになると、親に感謝できるんです。

幸せって、何か特別なことじゃないんだよ。

今日、天気がよくて、幸せだなあ……とか。

可愛い花を見て、幸せだなあ……とか。

ごはんが食べられて、幸せだなあ……とか。

そういう普通のことに感謝できるようになると、

『ああ、親に生んでもらって、よかったなあ』

と思えてくるんです。

どんな親であっても、そう思えてくるんです。

ズバリ言うけど、親に文句を言う人の特徴は、いま自分が『不幸せ』なんです。

不幸だ、不幸だ、と言っているうちに、『親はこんなこともしてくれなかった……』『あんなこともしてくれなかった……』って思い出してくるんです。

だから、そういう人は、自分が幸せになる考え方、幸せになる努力をもっとしなきゃいけない。

自分が幸せになったときに、親ってありがたいなあ……と必ず思うものですよ。

それがバロメーターだと思ってください。

どこの親も、完璧じゃないんです。

あなたもきっと親になればわかります」

「……」

私はハッとしました。

幼いころから、「私には、なんでお母さんがいないんだろう……」とか、「父のおかげで、私はずっと苦労してきた……」とか、ずっと両親のことをうらみがましく思ってきました。

でも、本当は……。

私自身が、幸せになる努力をすることが、足りなかったのかしれない……。

そう思えてきたのです。

それからというもの、本屋さんに行っては、一冊ずつ斎藤一人さんの本をそろえていき、一人さんの教えを学んでいきました。

読めば読むほど、人はどんな状況であったとしても、考え方しだいで幸せになれるということが、よくわかってきました。

あるとき、本の後ろのページを見ていると、一人さんのお姉さんが、千葉の成東でお店をやっていらっしゃることを知りました。

「一人さんのお姉さんって、いったい、どんな方なのかしら？　ひと目お逢いしてみたい」

そう思った私は、成東のお店を訪ねることにしたのです。

お姉さんにはじめて逢ったときに、なぜ「お母さん！」と言ってしまったのか、いまだにわかりません。

お姉さんは、どんな人にも親切で、世話好きで、困った人をみると放っておけない人。

そう、「母性」を強く感じさせる女性なのです。

特に、母の愛情に飢えていた私は、お姉さんが放っている「母性」を、一瞬にして感じ取ったのかもしれません。

私の生い立ちをお姉さんに話すと、お姉さんは涙を流しながら聞いてくれました。

そして「飯田ちゃん、よくがんばったね。でも、もう大丈夫。こうやって一人さんの教えを実践しはじめたのだから。これから飯田ちゃんはいままでの分も、うんと幸せになれるんだよ」と言ってくれました。

それからというもの、私はことあるごとに、お姉さんに手紙を書きました。

私のいまの状況のすべてを、お姉さんに聞いてほしかったのです。

「今日は父と娘と三人で、久しぶりに食卓を囲みました。メニューはお姉さんから教わったサーモンのマリネ。魚が大好物の娘は、『いままで食べた鮭の中でいちばん美味しい！』と大絶賛でした。こんな楽しい時間が持てたことに感謝です」

「最近、子どもを産んで本当に良かったな……と何度も何度も思います。私に子どもを与えてくれた彼にも、感謝できるようになりました」

日常の小さな気づきや成長を、お姉さんにただ聞いてもらえるだけで、私は満足でした。

そのころ一緒に暮らしていた父が、脳梗塞の発作がひどくなって、入院することになりました。

私は仕事と、父の介護と、子育ての三つに追われる日々になりました。

以前だったら、父が入院したことに対して、「またしても困難が起こった……」と受け止めていたことでしょう。

でも私はお姉さんから、

「起こることはすべて、自分の魂を成長させるために起きているのよ」

そう教えてもらっていたので、この生活も何かきっと意味があるはず、と前向きに受け止めました。

また介護を長く経験されてきたお姉さんに、「病人を動かすときのコツ」や、「上手な体の拭き方」など、実践的なことも丁寧に教えてもらい、それが、父の介護にとても役立ちました。

娘が中学に入り、思春期になると、たびたび学校に呼び出されたこともありました。

なんでも派手な靴下を履いていったり、授業中にお菓子を食べていたり、放課後に友人たちとお酒を飲んで騒いでいたこともあったとか。

こういうとき、母親として、娘にどう接していいか悩んだこともありましたが、お姉さんに、

「子どもは親に『信じているよ』という言葉を言われるのが一番うれしいのよ」

と教えてもらっていたので、娘にも、「お母さんはあんたを信じているよ」と言い続けました。

父親のこと、子育てのことで、何か壁にぶつかると、私はいつもお姉さんに励まされて、乗り切ってきたのです。

お姉さんの温かさをいつも感じていたくて、家中のいたるところに、お姉さんの写真を貼り、自分の気持ちが萎えそうになると、お姉さんの笑顔の写真を見て、元気をもらいました。


そして今年の六月。父がこの世を去りました。

お姉さんの励ましもあり、最後の日まで、感謝の気持ちで父に尽くせたので、悔いのない別れになったと思います。

そして、父の死の直後、衝撃的な事実がわかりました。

父の保険の受取人が、私の「生みの母」になっていて、保険会社の人のリサーチで、母の居場所がわかったのです。

母は精神を病んで、精神病院に入院しているとのことでした。

幼いころ、あれほどまでに「逢いたい！　逢いたい！」と思ってきた生みの母。

その母の居場所が、いまになってわかったというのは、何か大きな意味のあることだと思いました。

それでも……。

三〇年ぶりに母に逢うのは、非常に勇気がいることでした。

心の迷いを断ち切るように、私は部屋に飾ってある、お姉さんの写真に話しかけました。

「やっぱり……。母に逢いに行って、生んでもらったお礼を言ってきますね」

私は自分を奮い立たせて、精神病院へと向かいました。

病院のベッドに寝ていた母は、背丈がうんと小さくなり、ゆっくりでないと話せない様子でしたが、それでも私の顔を見て、「本当に心ちゃんなの？」と言い、嬉しそうに微笑みました。

私は、母の手を握りながら、念願だったこの言葉を伝えました。

「お母さん、私を生んでくれて、ありがとう。

私はいま本当に幸せです」


病院の帰り道、どうしてもお姉さんの声が聴きたくなって、私はお姉さんに電話をしてしまいました。

「そう、飯田ちゃん、えらかったね……」

涙ぐんでいるようなお姉さんの声を聴きながら、私はずっとお姉さんに伝えたかった自分の気持ちを話しました。

「私、お姉さんのことを『心のお母さん』だと思っています。

父の介護をがんばれたのも、子育ての悩みを乗り越えられたのも、生みの母に逢いに行けたのも……。

そう、過去のすべてを許せたのも、お姉さんの励ましがあったから。
『成東に、心のお母さんがいる！』
そう思うだけで、この先、何が起こっても、恐くない。
お姉さんがいてくれるから……。
私は何が起こっても、乗り越えることができるんです」

第四章

おかげさまで、いま最高の人生です！

なんでも真っ先に実践してみんなの「航空母艦」に

いま、私は一人さんから、商売のこと、健康のこと、栄養のこと、精神的に幸せになる考え方など、日々、いろいろなことを教わっています。

教えてもらったことは、お店のスタッフや、お客さんに伝える前に、まず私が必ず実践してみます。

たとえば「積極的にお肉を食べること」もそうですし、新しいサプリメントが出たら、まっさきに飲んでみて、自分の体の調子を確かめます。

「今日も、幸せだね」「嬉しいね」「楽しいね」と、肯定的な言葉を口にして、否定的な言葉ばかりを使っていたころと、心身の調子や、起こる現象がどう違ってくるのかも確かめています。

なぜ私が誰よりも早く実践するのかというと、まず、自分で実践してから、お店のスタッフやお客さんに伝えたいから。

人にものを伝えるときには、実践していることと、していないことでは、伝える情熱や深さが違ってくるからです。

これは一人さんから、

「姉さんは、みんなの『航空母艦』になって、悩んでいる人や、迷っている人を、助けてあげなよ」

と言われたことがきっかけです。

「『航空母艦』って、いったい何?」

私は一人さんに尋ねました。

一人さんいわく、「航空母艦」というのは、とても大事な「使命」を持った軍艦船のこと。

「航空母艦」は、航空機を積んでいて、船のデッキには、飛行機を走らせる滑走路を備えています。

そして、航空機を積んだまま、海上に出ていくそうです。

船が沖まで出ると、積んでいる飛行機にエンジンをかけ、自分の背中にある滑走路を走らせて、次々と大空に飛ばしていくそうです。

この「航空母艦」は、地味な存在でありながら、第二次大戦以降、海上兵力の中心になるほど、重要な役割を果たしたのだとか。

「華々しく目立つ船ではないけれど、積んでいる飛行機を、次々と空高く飛ばすことに全力を尽くす船。それが『航空母艦』なんだよ」

と一人さん。

「そうか……。私の役割は、お店に来た方々にエンジンをかけて、のびのびと大空に飛んでいけるように、全力でお手伝いをすることなんだね」

困っている人や、迷っている人の「母艦」となる私。

だとしたら、まず最初に、一人さんの教えを何でもやってみよう。

だって実践があってこそ、その経験を生かして、迷っている人や悩んでいる人を導くお手伝いができるのだから……。

いま私は、最高の「航空母艦」となるべく、一人さんから教わったことを日々実践し、周りの人に一生懸命伝えています。

カンタン、おいしい！　一人さんの手作り料理

私は小さい頃から、仕事で忙しい母に代わって、家族や従業員の食事を作ってきたので、料理をすることは大好きです。

特に、冷蔵庫の中にあるものを使って、栄養たっぷりの家庭料理を作るのが好き。

お店では、野菜や鶏肉がたっぷり入った「すいとん」を出しています。

「すいとん」は私と一人さんの大好物でもあります。

食べるとなんだかホッとするし、お腹もいっぱいになるので、お客さんからも大好評です。

そんな料理好きの私がうなるほど、一人さんの作る料理はおいしい。

しかも、とってもカンタンなのです。

いま、スタッフの間で評判になっている一人さんのレシピが、「トマトのチーズ焼き」。

太白ゴマ油をたっぷりとフライパンに入れ、その中にくし切りにしたトマトを並べて火を入れます。

トマトに熱が入り、やわらかくなったところに、とろけるチーズをたっぷりとかけます。

チーズがとろりと溶けたら、塩をかけて食べごろです。

なんともカンタンな手順ですが、ゴマ油の香ばしさ、トマトの酸味と甘み、チーズのまろやかさが絶妙で、後をひく味。

子どものおやつにも、お酒のおつまみにもぴったりです。

また一人さん特製「カンタンお好み焼き」というのもあります。

これは私のお店に遊びにきた一人さんが、自分で台所に立って、スタッフやお客さんに作ってくれたもの。

小麦粉に多めの水を入れ、トロトロに溶いておきます。

そこに、細かく切ったキャベツと紅ショウガ、卵を割りいれます。

具はたったこれだけ。

フライパンに多めの油をしいて、こんがり焼いたら出来上がり。

この「カンタンお好み焼き」は、シンプルな具材が逆にひきたち、なんともいえずにおいしい。

ソースやお醤油をちょっとかけると、何枚でも食べられそうです。

私がいままでお好み焼きを焼くときは、山芋をすったものを入れたり、イカやぶた肉を入れてコクを出したり……といろいろと工夫していましたが、この「カンタンお好み焼き」を食べてから、これが一番おいしいと思うようになりました。

一人さんは食材を見ただけで、「これとこれは相性がいい」とか、「この味にこれを足したらおいしくなる」とかいうのが、カンでわかるそうです。

姉弟で一緒に台所に立って、一人さんから料理を教わっていると、目から鱗が落ちることがよくあります。

「今日は、どんなおいしいものを教えてもらえるのかしら?」と、とても楽しみな時間なのです。

涙と笑いの「稲庭うどん」

「一人さんファンのお店」が開店したてのころの話です。

はじめて一人さんがお店にやってきて、お客さんたちに話をしてくれることになりました。

一人さんに会えるとわかって、お客さんたちは大喜び。

「一人さんに会える！」と、話がいろいろな人に伝わって、なんと一八〇人もの方が、お店に集まることになったのです。

一人さんは、

「せっかくだから、お客さんたちに、何か手料理を作ってふるまおう」

と言ってくれました。

私は以前、一人さんが作った「稲庭うどん」を食べたとき、それがとてもおいしかったので、「一人さん、稲庭うどんをごちそうしたら？」と提案しました。

そして、一八〇人分の稲庭うどんを準備することになりました。

さっそく私が「稲庭うどん」をスーパーに買いに行ったのですが、スーパーの麺コーナーには、「稲庭うどん」はほんの少ししか置いていません。

あるだけのうどんを買って、別のスーパーへと行きましたが、そこでも「稲庭うどん」は少ししかないのです。

また他のスーパーへと、はしごを繰り返しているうちに、だんだん、私の体調が悪くなってきました。

当時、私は足の病気を患っていたので、ゆっくり歩くのがやっとの状態。

買いに行くのも時間がかかり、お店の開店の時刻は刻々とせまっています。

言うことをきかない足がもどかしいのと、お客さんに出す「稲庭うどん」が集まらない焦りから、私はたまらない感情がこみあげてきて、一人さんに電話しました。

「一人さん……。私、『稲庭うどん』を買いにいったんだけど、うどんがなくて……。お店の開店までに、間に合わないよ……」

電話で説明しているうちに、泣きだしてしまった私。

そんな私の声を聞いた一人さんは、しばらくシン……と黙っていました。

そして、やさしい声でこう言いました。

「姉さん、『稲庭うどん』が準備できないからと言って、オレが怒るとでも思ったのかい？

オレはそんなことで、姉さんを怒ったりしないよ」

そのとき、私はハッとしました。

幼いころから、家業を手伝ってきた私。

おつかいを頼まれて、頼まれた品物がちゃんと準備できないと、大人たちから厳しく叱られました。

六〇年経ったいまでも、その辛かった思い出が抜けず、言われたとおりにできないと、すぐに怒られると思ってしまうのです。

そのことを一人さんは言いたかったのでしょう。

一人さんは、おだやかにこう言いました。

「姉さん、うどんが足りなくても、大丈夫だよ。

手に入った分だけ持って、帰っておいでよ。

たとえ、うどんの量が少なくても、オレが愛情こめて作るから。

ほんのひと口ずつでも、お客さんにご馳走できれば、お客さんはその気持ちをくんでくれるよ」

「……」

私はそのまま店に戻り、そして、お店が開店しました。

お店には一八〇人ものお客さんがつめかけて、大入り満員です。

一人さんが作った「稲庭うどん」は、少しずつの量ですが、全員に味わっていただくことができました。

お客さんたちは、「一人さんの手料理が食べられた！」「私たちのために作ってくれた！」と大喜びです。

その後、一人さんの話を聞いて、大満足でお帰りになりました。

私は、また一つ、一人さんから教わりました。

事情があって、品物を十分にそろえることができなくても、そのときの店主の対応や心遣いに、お客さまは感動するのだと。

そして私も、いつまでも、子どものころの辛い思い出をひきずっているのはやめて、お客さまに感動していただけるような対応ができるよう、工夫していきたいと思いました。

私にとっては、涙と笑いの「稲庭うどん」の味となりました。

愛猫「ついてるちゃん」がやってきた！

私と一人さんは、大の「猫好き」です。

これは、育った環境にあるのかもしれません。

私の家はクリーニング屋だったので、衣類を洗う「せっけん」が大量にあったのです。

実は、「せっけん」は、ネズミの大好物。

ネズミがたくさん集まってこないように、常に猫を飼っていました。

ちゃめっけのあった父は、猫にユニークな名前をつけるのが好きで、「チョイナチョイナ」など、変わった名前の猫がいました。

私も、一人さんも、ヨチヨチ歩きの頃から、猫と共に生活してきました。

だから、いまも、可愛そうな猫を見ると、放っておけないのです。

数カ月前のことですが、私のお店の近くにある「芝山仁王尊」という神社に、私と一人さん、それにお弟子さんのみっちゃん先生、舛岡はなゑさんの四人で、お参りに出かけたことがあります。

すると、神社の境内の近くに、お母さん猫と二匹の赤ちゃん猫がいるのを見つけました。

お母さん猫は、栄養不足なのでしょう。ガリガリに痩せていて、おっぱいもろくに出ない様子でした。

それでも、私たちを見ると、ゴロンと寝転がり、お腹を見せて甘えてきます。

みっちゃん先生とはなゑさんが、赤ちゃん猫を抱っこしても、母猫は怒る様子もなく、おとなしくしていました。

私はそんな三匹の様子を見ていると、このまま置いていくのがしのびなく、連れて帰って手当をしたり、ご飯をお腹いっぱい食べさせて、元気にしてあげたい気持ちが沸きあがってきました。

「私、この猫たちを、家に連れて帰りたい！」

私がそう言うと、一人さんは私の思いを察したのか、

「それなら、姉さんのところで、育ててやりなよ。

この母猫の名前は『ついてるちゃん』にしよう。

みんなに『ついてるちゃん！』『ついてるちゃん！』と呼ばれているうちに、『ついてる』という言霊の力で、猫の体がきっと元気になっていくよ」と、母猫に名前をつけてくれました。

こうして「ついてるちゃん」と、その赤ちゃん猫二匹が、私の家にやってくることになりました。

私はまず、フラフラしている「ついてるちゃん」を動物病院に連れて行きました。病院で検査をすると、「ついてるちゃん」は、白血病をはじめ、さまざまな病気を併発していることがわかり、獣医さんから「残念ながら、助かる見込みはないでしょう」と言われてしまいました。

私はあきらめきれず、「ついてるちゃん」を連れて、他の病院をまわりました。どこの病院でも、「ついてるちゃん」の病状はかなり厳しい……との答え。

それでも希望を託して、無菌室にしばらく入院させ、治療をしてみることにしました。

「ついてるちゃん」の入院中、私が様子を見に行くと、「ついてるちゃん」は檻の中から前足を出して、私の手にしっかり抱きつくようにして、そのままじっとしていました。

「私のこと、飼い主だと思って、甘えてくれているのね」

そんな様子を見ていると、たまらなくなって、私は涙ながらに一人さんに様子を報告しました。

一人さんは
「『ついてるちゃん』は、運が強い子だからね。

姉さんみたいに、やさしい人にもらわれたんだから、絶対に助かるよ。

心配しなくて、大丈夫」

と、私を励ましてくれました。

また、猫好きのはなゑさんとみっちゃん先生が、猫の体にやさしいエサをダンボールにつめて送ってくれたり、まるかんのサプリメントをすりつぶして、エサにふりかけて食べさせたり……と、いろいろお世話をしてくれました。

病院から退院してきた「ついてるちゃん」は、ごはんをよく食べて、みんなに「ついてるちゃん！」「ついてるちゃん！」と呼ばれて可愛がられるたびに、しだいに元気になっていきました。

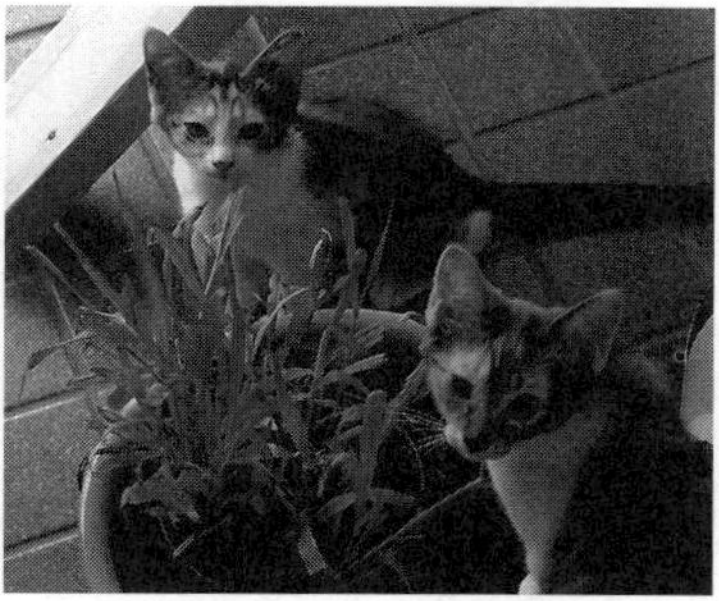

獣医さんが「奇跡的ですね……」と驚くほど、体の血色がよくなり、毛並みもつやつやして、動作も機敏になっていきました。

二匹の赤ちゃん猫もぐんぐん大きくなって、いまも親子三匹、私の家で仲良く暮らしています。

「姉さん、素直になりなよ」


一人さんから精神的なことを学ぶようになり、少したったときのこと。

いままで「常識」にしばられ、かたくなだった私の心が、少しずつ開かれていったのか、思ってもみないことが起きました。

私に、好きな人ができたのです。

相手は、私より、「年下の男性」です。

まさか、この歳で、人を好きになるとは思いませんでした。

いいえ、最初は、「好き」という自分の気持ちさえ認められなくて、

「まさか、そんなはずはない」

「そんなこと、ありえないことよ！」

と否定し続けてきました。

でも、彼と逢うと、なんともいえない、あたたかい気持ちになるのです。

なにか魂がふれあうような感じがする人。

不思議な「なつかしさ」を覚える人。

自分が子どものように純粋な気持ちに戻れる人。

ここにきて、そんな人と出逢えるなんて、思ってもみませんでした。

でも同時に私は、そんな自分にとまどい、彼の心遣いに対して、素直になることができませんでした。

二人で食事やドライブにでかけても、

「私たちが一緒にいるところを、他の人が見たら、どう思うかしら？」

「彼にそのうち、若い彼女ができて、私とは、もう二度と逢えなくなるんじゃないかしら？」

そんな不安のほうが、先走ってしまうのです。

そして、彼に対して、「もう、逢うのはやめましょう」などと、気持ちとは反対のことを言ってしまうのです。

でも、そう言った後、自分の言った言葉に落ち込み、さびしくて、さびしくて、たまりませんでした。

そんなとき、一人さんがふらりと私のところに遊びにきて、ドライブに誘ってくれました。

私は、一人さんに詳しいことを話したわけではありませんが、一人さんは何かを感じたのでしょう。

私の顔を見るなり

「姉さん、素直になりなよ」

と言うのです。

「姉さん、神さまがくれた出逢いは、大切にしなきゃいけないよ。

お互いに惹かれあう相手ができたということは、お互いに何かを学び合う機会を神さまからいただいた、ということなんだよ」

私はたまらなくなって、一人さんの言葉にかぶせるように言いました。

「でも、一人さん！

私はもう、こんな歳じゃない！

彼とは歳が違いすぎる。

彼が、かわいそうだよ」

すると、一人さんは、静かにこう言いました。

「姉さん、人が人を好きになるのに、年齢も、立場も、関係ないんだよ。

惹かれあう当人たちにとって、そんなことは、どうでもいいんだ。

誰かが、誰かを恋するって、とめられない。

『この人、好きになっちゃダメだよ』って言われても、『そうですか』っていうわけにもいかない。

『この人、好きになりなさい』って言われても、『そうですか』っていうわけにもいかない。

人の気持ちって、そうじゃないだろ。

姉さん、素直になりなよ」


ちょうどそのとき、車がトンネルの中に入っていきました。

一人さんは、私に諭すようにこう言いました。

「姉さん、車が、このトンネルを抜けたら、姉さんの心はきっと素直になれるよ。

『このトンネルを出たら、私は素直になります』って、神さまに言いな」

一人さんのやさしい言葉に、私の胸にあったつかえのようなものが、だんだん溶けていきました。

「わかった、一人さん！

私、自分の気持ちに、正直になるよ。

『神さま、このトンネルを抜けたら、私は、素直になります。

彼に、素直になれなかったことを、謝ります』」

いままで私がかたくなに気にしていたことが、「素直になります」という言葉と
ともに、不思議となくなっていくような気がしました。

そして、心から愛する人と出逢えた喜びが、胸いっぱいに広がっていきました。

まるで長いトンネルを抜けたように、私の心にも、光が差しこんできました。

私の晴れ晴れとした顔を見て、一人さんが、微笑みながら言いました。

「姉さん、いま幸せかい？」

私は、一人さんの問いに、胸を張って答えました。

「一人さん、私、いま、最高に幸せです！」

あとがき

この本を読んでくださった皆さまに、感謝の気持ちでいっぱいです。

私が「一人さんファンの店」をはじめて一〇年がたちますが、毎日、全国各地から、さまざまなお客さまがいらっしゃいます。

お客さまはそれぞれに「波乱万丈な人生」をお持ちであり、この本で体験談を紹介した四名の方以外にも、人には言えないような悩みを抱えて生きてこられた方もいらっしゃいます。

本当に、お一人お一人のお話を聞くたびに胸が熱くなります。

そんな皆さんが一様におっしゃるのが、

「一人さんのおかげで、人生が変わった！」

ということ。

そのような声を聞くたびに、改めて、斎藤一人さんという人の偉大さを実感する毎日です。


幼いころ、病気で寝ている一人さんに「すりおろしリンゴ」を持っていくと、

「姉さんのことは、オレが守ってやるからね」

と言ってくれた一人さん。

その言葉のとおり、一人さんは私の人生を、ずっと見守ってきてくれました。


一〇年前に夫を亡くしたとき、当時の私は「生きがい」を見出すことができず、この先、何を希望にして生きていったらいいか、わからなくなってしまったことがあります。

そんな私の気持ちを察するように、一人さんが私のところへ遊びにきて、こう言いました。

「姉さんに色紙を書きたいんだけど、筆はあるかい?」

私はあわてて書道の筆を探したのですが、そのときは絵画用の筆しか見つからず、それを一人さんに渡しました。

すると一人さんは、絵画用の筆先を器用に使い、色紙いっぱいに、こんな言葉を書いてくれたのです。

「もうひと花」

一人さんは私の顔をじっと見ながら、こんなことを言ったのです。

「姉さん、やっと姉さんが自由にできる時間を、神さまが与えてくれたんだよ。

何をはじめてもいいんだよ。

どこに行ってもいいんだよ。

もうひと花

ひとり

おしゃれをするでもいいんだよ。

恋をするでも、いいんだよ。

これから、ひと花も、ふた花も、人生に花を咲かせていこうよ」

「……」

希望を失って落ち込んでいる私を、なんとか力づけようとする一人さんの思いやりに、胸の中が、じーんと温かくなるような気がしました。

そしてその後、一人さんの言葉どおり、私はお店をはじめて、たくさんのお客さんの心と触れ合う日々となりました。

プライベートでも、旅行に行ったり、おしゃれをしたり、恋をする喜びも味わうことができたのです。

満開の花々が咲き乱れるような日々となりました。

そう、一〇年前の私には、想像もできないほど……。

そんな私に、一人さんがこんなことを言ってくれました。

「姉さんに、いま、手が差し伸べられる幸せ。

幼いころの願いが叶いました。

姉さん、ありがとう」

いいえ本当に私のほうこそ……。

一人さんに、「ありがとう」の気持ちでいっぱいなのです。

私が困ったとき、苦しんでいるとき、私を助け、影となり日向となり、いつも見守ってくれたのは、他でもない一人さんです。
すばらしい弟に恵まれた私は、世界一の幸せ者です。
この言葉を、いま改めて一人さんに伝えたいです。
皆さまの人生に、満開の花が、たくさん、たくさん咲きますように。

一人さんのお姉さん

ひとりさんとお弟子さんたちのブログについて

斎藤一人オフィシャルブログ
(一人さんご本人がやっているブログです)
https://ameblo.jp/saitou-hitori-official

お弟子さんたちのブログ

柴村恵美子さんのブログ
https://ameblo.jp/tuiteru-emiko/

舛岡はなゑさんのブログ
【ふとどきふらちな女神さま】
https://ameblo.jp/tsuki-4978/
銀座まるかん オフィスはなゑのブログ
https://ameblo.jp/hitori-myoudai-hana/

みっちゃん先生ブログ
https://ameblo.jp/genbu-m4900/

宮本真由美さんのブログ
https://ameblo.jp/mm4900/

千葉純一さんのブログ
https://ameblo.jp/chiba4900/

遠藤忠夫さんのブログ
https://ameblo.jp/ukon-azuki/

宇野信行さんのブログ
https://ameblo.jp/nobuyuki4499

高津りえさんのブログ
http://blog.rie-hikari.com/

おがちゃんのブログ
https://ameblo.jp/mukarayu-ogata/

楽しいお知らせ

無　　料　ひとりさんファンなら
一生に一度はやってみたい

「大笑《おおわらい》参り」

ハンコを9個集める楽しいお参りです。
９個集めるのに約7分でできます。

場　　所：ひとりさんファンクラブ
（JR新小岩駅南口アーケード街　徒歩３分）
電　　話：03-3654-4949
年中無休（朝10時～夜7時）

≪無料≫　金運祈願　恋愛祈願　就職祈願　合格祈願
健康祈願　商売繁盛

ひとりさんファンクラブ

住　所：〒124-0024　東京都葛飾区新小岩1-54-5
ルミエール商店街アーケード内
営　業：朝10時～夜7時まで。
年中無休　電話：03-3654-4949

各地のひとりさんスポット

ひとりさん観音：瑞宝山　総林寺
住　所：北海道河東郡上士幌町字上士幌東4線247番地
電　話：01564-2-2523

ついてる鳥居：最上三十三観音第二番　山寺千手院
住　所：山形県山形市大字山寺4753
電　話：023-695-2845

観音様までの楽しいマップ

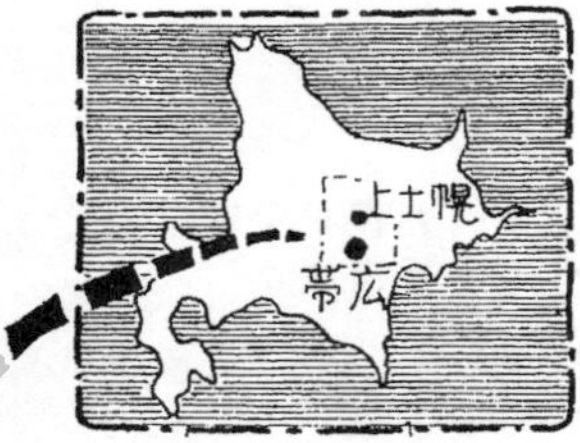

① 愛国←→幸福駅

『愛の国から幸福へ』この切符を手にすると幸せを手にするといわれスゴイ人気です。ここでとれるじゃがいも野菜・etcは幸せを呼ぶ食物かも！特にとうもろこしのとれる季節には、もぎたてをその場で茹でて売っていることもあり、あまりのおいしさに幸せを感じちゃいます。

② 十勝ワイン（池田駅）

ひとりさんは、ワイン通といわれています。そのひとりさんが大好きな十勝ワインを売っている十勝ワイン城があります

★十勝はあずきが有名で『赤い宝石』と呼ばれています。

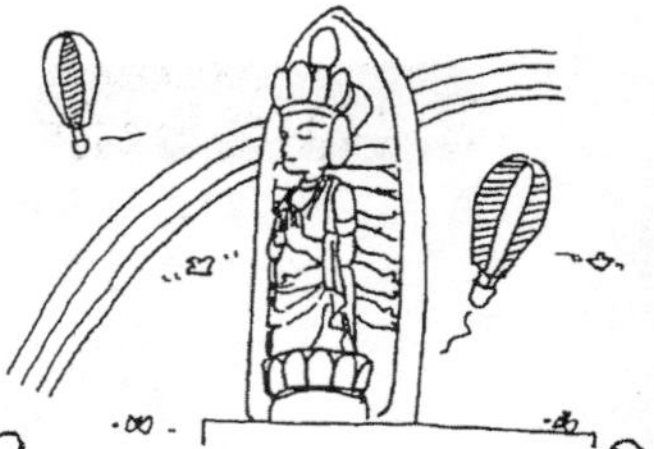

★観音様

ひとりさんの寄付により、夜になるとライトアップして、観音様がオレンジ色に浮かびあがり、幻想的です。

この観音様は、一人さんの弟子の1人である柴村恵美子さんが建立しました。

③ 上士幌

上士幌町は柴村恵美子が生まれた町。そしてバルーンの町で有名です。8月上旬になると、全国からバルーニストが大集合。様々な競技に腕を競い合います。体験試乗もできます。ひとりさんが、安全に楽しく気球に乗れるようにと願いを込めて観音様の手に気球をのせています。

④ ナイタイ高原

ナイタイ高原は、日本一広く大きい牧場です。牛や馬、そして羊もたくさんいちゃうのヨ。そこから見渡す景色は雄大で感動!!の一言です。ひとりさんも好きなこの場所は行ってみる価値あり。

牧場の一番てっぺんにはロッジがあります（レストラン有）。そこで、ジンギスカン焼肉・バーベキューをしながらビールを飲むとオイシイヨ！とってもハッピーになれちゃいます。それにソフトクリームがメーチャオイシイ。2ケはいけちゃいますヨ。

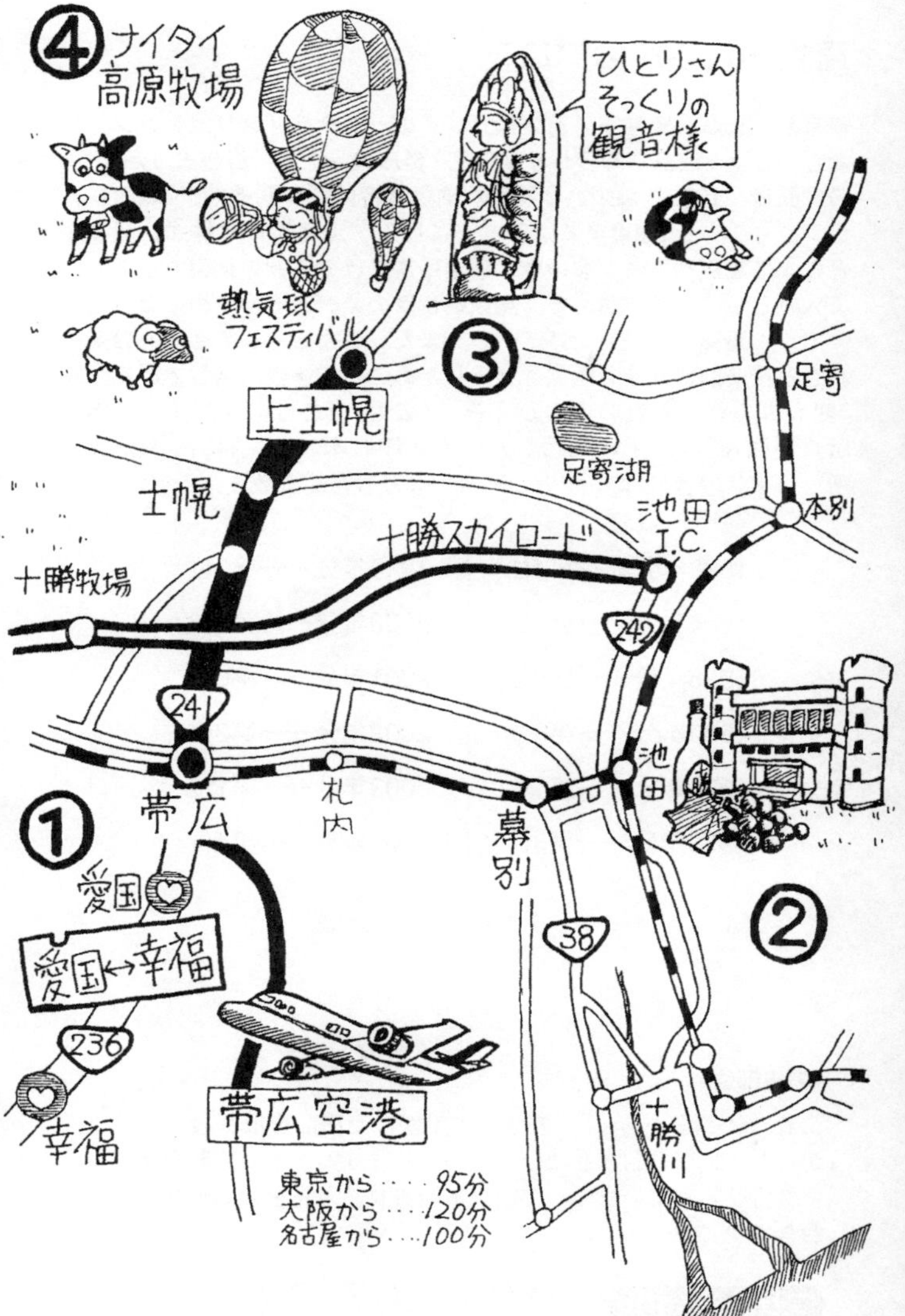
④ナイタイ高原牧場
熱気球フェスティバル
ひとりさんそっくりの観音様
③
上士幌
足寄
足寄湖
士幌
池田I.C.
本別
十勝スカイロード
十勝牧場
242
241
池田
帯広
札内
幕別
①
愛国
愛国↔幸福
236
幸福
38
②
帯広空港
十勝川
東京から……95分
大阪から……120分
名古屋から……100分

斎藤一人さんのプロフィール

東京都生まれ。実業家・著述家。ダイエット食品「スリムドカン」などのヒット商品で知られる化粧品・健康食品会社「銀座まるかん」の創設者。1993年以来、全国高額納税者番付12年間連続6位以内にランクインし、2003年には日本一になる。土地売買や株式公開などによる高額納税者が多い中、事業所得だけで多額の納税をしている人物として注目を集めた。高額納税者の発表が取りやめになった今でも、着実に業績を上げている。また、著述家としても「心の楽しさと経済的豊かさを両立させる」ための本を多数出版している。『変な人の書いた世の中のしくみ』『眼力』(ともにサンマーク出版)、『強運』『人生に成功したい人が読む本』(ともにPHP研究所)、『幸せの道』(ロングセラーズ)など著書は多数。

1993年分——第4位	1999年分——第5位
1994年分——第5位	2000年分——第5位
1995年分——第3位	2001年分——第6位
1996年分——第3位	2002年分——第2位
1997年分——第1位	2003年分——第1位
1998年分——第3位	2004年分——第4位

〈編集部注〉

読者の皆さまから、「一人さんの手がけた商品を取り扱いたいが、どこに資料請求していいかわかりません」という問合せが多数寄せられていますので、以下の資料請求先をお知らせしておきます。

フリーダイヤル 0120-497-285

本書は二〇一一年一一月に弊社で出版した
書籍を新書判として改訂したものです。

斎藤一人
こんな簡単なことで最高の幸せがやってくる

著　者　一人さんのお姉さん
発行者　真船美保子
発行所　KK ロングセラーズ
東京都新宿区高田馬場 2-1-2　〒 169-0075
電話（03）3204-5161(代)　振替 00120-7-145737
http://www.kklong.co.jp
印　刷　大日本印刷(株)
製　本　(株)難波製本

落丁・乱丁はお取り替えいたします。
※定価と発行日はカバーに表示してあります。
ISBN978-4-8454-5091-6　C0230　Printed In Japan 2019